微商创业一本通

软文+朋友圈+公众号+自媒体+自明星

新媒体商学院　编著

化学工业出版社
·北京·

《微商创业一本通：软文+朋友圈+公众号+自媒体+自明星》共14章专题内容，包括微商成功的各个方面：创业定位、创业模式、能力和团队、创业技巧、软文入门、软文写作、写作技巧、朋友圈营销、朋友圈引流、公众号营销、公众号引流、自媒体入行、自媒体平台和微商自明星打造等，应有尽有，让您一书精通多方面内容，助您快速成为微商行业中的成功者！

《微商创业一本通：软文+朋友圈+公众号+自媒体+自明星》虽然是基于微商行业，但实际是微商创业、微商软文、微商朋友圈、微商公众号、微商自媒体、微商自明星的集合。每一个内容市场上都有单独的书，而本书要做的是精华内容的筛选和提炼，是重点痛点的分析和解决，让读者花1本书的钱，获得6本书的价值。

本书适合从事微商行业的朋友，特别是微商刚创业的朋友、想学习微商软文写作的朋友、想经营好微信朋友圈和公众号的朋友、想打造自媒体平台成为自明星的朋友。

图书在版编目（CIP）数据

微商创业一本通：软文+朋友圈+公众号+自媒体+自明星／新媒体商学院编著．—北京：化学工业出版社，2019.4（2020.9重印）
ISBN 978-7-122-33813-6

Ⅰ.①微… Ⅱ.①新… Ⅲ.①网络营销 Ⅳ.①F713.365.2

中国版本图书馆CIP数据核字（2019）第016092号

责任编辑：刘　丹　　　　　　　　　　装帧设计：王晓宇
责任校对：王鹏飞

出版发行：化学工业出版社（北京市东城区青年湖南街13号　邮政编码100011）
印　　装：中煤（北京）印务有限公司
710mm×1000mm　1/16　印张17¼　字数291千字　2020年9月北京第1版第2次印刷

购书咨询：010-64518888　　　　　　　　售后服务：010-64518899
网　　址：http://www.cip.com.cn
凡购买本书，如有缺损质量问题，本社销售中心负责调换。

定　　价：58.00元　　　　　　　　　　　　　　版权所有　违者必究

前言

随着网络科技的不断发展,我们可以随时随地利用碎片时间进行创业,而在未来的十年中,无论哪个行业、哪个领域都可以进行营销。营销也需要通过软文、朋友圈、公众号等渠道,打造个人自媒体、自明星,更好地为我们引流吸粉。

本书是一本以微商为核心,以微商营销引流所需要的渠道和方法为根本出发点的专著,以技巧、图解、图片等方式深度剖析了微商在进行营销引流时该学会的一些方法,该掌握的一些渠道。笔者愿尽力帮助微商朋友们成功通过各种渠道和方式获取收益,正是本书产生的背景,也是市场的需求,主要有以下四点。

一是微商创业时代的来临:在互联网后时代,每一个人都可以轻易成为微商。或许说,当你向朋友通过微信等社交软件推荐商品时,你就已经是一个微商。而成功的微商,可以通过卖产品和推荐产品获取相当不错的收益,甚至于把微商变成自己的本职工作,买房买车,走向人生巅峰。

二是网络软文推广的兴起:一篇爆款软文,能够轰动朋友圈及其他社交平台,引来无数的关注与流量。在这个人人都想发阅读量10万+文章的时代,网络软文是有技巧去打造爆款的。同时,利用网络软文为微商产品进行推广,已经渐渐成为主流,不容大家所忽视。

三是朋友圈、公众号营销引流的加强:朋友圈和公众号现在是微商创业活动的第一阵地,如何成功从朋友圈和公众号吸引大量客户进行营销,是每一位微商创业者都想了解的技巧。

四是自媒体、自明星的兴盛:在这个每个人都是一个IP的时代,想要销售产品,免不了把微商和品牌人格化。自媒体和自明星,正是人格化的最佳渠道。

因此，笔者从微商创业的角度，切入"软文+朋友圈+公众号+自媒体+自明星"，差异化和优异化同类图书，全力打造了该本：《微商创业一本通：软文+朋友圈+公众号+自媒体+自明星》。本书主要分为六大模块，每个模块的内容各司其职，不仅是重点，同时还是亮点，具体内容如下所示。

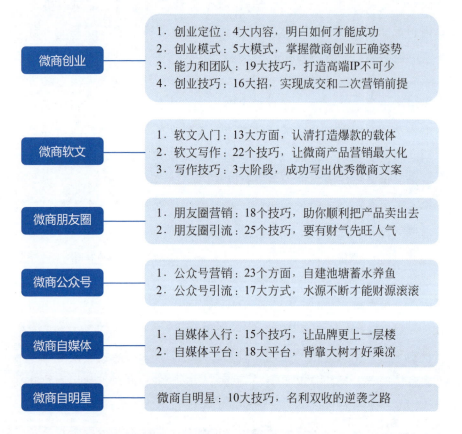

一本书想要吸引住读者的眼光，必定有它的过人之处，特色亮点是一本书的灵魂所在，而本书的特色则有以下三点。

（1）点面结合。将内容分为六大版块，即微商创业、微商软文、微商朋友圈、微商公众号、微商自媒体、微商自明星，条理清晰，层次井然，面面俱到，同时又具有230多个详细技巧，点滴入心，易于实际使用。

（2）**深入浅出**。本书从微商的各个方面进行全面、深入的讲解，并力图用最直白的语言，让读者一看就懂，一目了然。

（3）**实用快捷**。全书以技巧为主，实例为辅，抓住微商行业痛点，一步步说明如何解决微商营销引流中遇到的各种问题，让微商马上能应用到实际工作当中。

由于作者知识水平有限，书中难免有错误和疏漏之处，恳请广大读者批评、指正。

笔者

第1章
创业定位：4大内容，明白如何才能成功 / 001

1.1 定位目的：3大目的，助你走出迷茫之海 / 002
- 1.1.1 不再盲目跟风，更理性 / 002
- 1.1.2 找出自身优势，更顺利 / 002
- 1.1.3 不再轻言放弃，更坚定 / 003

1.2 自我定位：2大角度，找准自己扮演的角色 / 003
- 1.2.1 3大选择，定位个人角色 / 003
- 1.2.2 2大角度，决定个人方向 / 005

1.3 产品定位：3个技巧，运营好微商事业核心 / 006
- 1.3.1 2大前提，找出要经营的产品 / 006
- 1.3.2 4大因素，衡量经营产品本身 / 007
- 1.3.3 3个不要，找出长期经营产品 / 007

1.4 客户定位：2大阶段，将产品卖给正确的人 / 008
- 1.4.1 2个方面，锁定使用人群 / 008
- 1.4.2 2大要点，精确适用人群 / 009

第2章
创业模式：5大模式，掌握微商创业正确姿势 / 010

2.1 C2C模式：容易白手起家的创业模式 / 011
- 2.1.1 环境：C2C格局已稳 / 011
- 2.1.2 方式：4大购物流程 / 011
- 2.1.3 特点：4大C2C模式特性 / 012
- 2.1.4 性质：轻资产的创业模式 / 013

2.2 B2C模式：掌握微商发展未来主流模式 / 014

- 2.2.1 10大优势，已获得大家认同 / 014
- 2.2.2 3大方面，诠释其营销策略 / 016
- 2.2.3 3大模式，各具独特的优势 / 017
- 2.2.4 巨大前景，选准微商蓝海领域 / 019

2.3 O2O模式：从线上到线下的引流模式 / 019

- 2.3.1 4大优势，线上线下完美结合 / 019
- 2.3.2 4大阶段，详解消费流程 / 020
- 2.3.3 3大企业，成功广泛适用 / 021

2.4 代理模式：发展外部的结构型模式 / 022

- 2.4.1 3大模式，应用微商代理商 / 022
- 2.4.2 3大方面，成为优秀代理商 / 023
- 2.4.3 5大法则，成功发展代理商 / 024

2.5 品牌模式：实力派微商成就模式 / 024

- 2.5.1 5大趋势，助你做好微商品牌营销 / 025
- 2.5.2 3大注意，建设微商品牌个性标签 / 025
- 2.5.3 4个方法，抓住机会传播自己的品牌 / 026

03 Chapter 第3章
能力和团队：19大技巧，打造高端IP不可少 / 027

3.1 7项注意，帮助成为微商行业佼佼者 / 028

- 3.1.1 先了解顾客，再推销产品 / 028
- 3.1.2 先贴心服务，再让其宣传 / 028
- 3.1.3 努力拼搏，终得丰厚回报 / 028
- 3.1.4 积累知识，才能持续创作 / 029
- 3.1.5 能力锻炼，才会精通赚钱 / 030
- 3.1.6 提升定力，解决各种刁难 / 030
- 3.1.7 细分领域，成功精通成专家 / 030

3.2 12大技巧，团队作战批量产生价值 / 031

- 3.2.1 经营自己，支撑起微商团队的核心要素 / 031

3.2.2　4大标准，寻找志同道合的人创业更容易　/ 032
3.2.3　招收代理商，方法、渠道和图片很重要　/ 032
3.2.4　4大方面，建立优质的吸引优秀微商的政策　/ 034
3.2.5　众多分销价格体系，层层设计一定要合理　/ 035
3.2.6　3级分销系统，确定基本要求和考核方案　/ 035
3.2.7　新成员加入法1：利益吸引，摆出所得优势　/ 036
3.2.8　新成员加入法2：梦想吸引，加入创业团队　/ 037
3.2.9　新成员加入法3：前程吸引，描绘美好未来　/ 038
3.2.10　新成员加入法4：对比吸引，详解微商优势　/ 038
3.2.11　新成员加入法5：落差吸引，谈可能上升空间　/ 039
3.2.12　新成员加入法6：爱的吸引，为你的家庭负责　/ 040

第 4 章
创业技巧：16大招，实现成交和二次营销前提　/ 041

4.1　4种方法，成就微商高端品牌　/ 042
4.1.1　安全健康，确保高质量要求实现　/ 042
4.1.2　消费群体，广覆盖才能保证销量　/ 043
4.1.3　卖点独特，产品才能让人尖叫　/ 043
4.1.4　好的口碑，传播才能更广、更快　/ 044

4.2　4个方法，提升微商用户黏性　/ 045
4.2.1　按照要求定制，产品才能更受用户期待　/ 046
4.2.2　进行产品促销，短时间内快速实现交易　/ 047
4.2.3　推出产品团购，吸引大批同类型顾客参与　/ 048
4.2.4　提供抽奖机会，借用消费者侥幸获利心理　/ 048

4.3　3大技巧，让付款体验更优质　/ 049
4.3.1　环境可靠，打消客户付款顾虑　/ 049
4.3.2　方式多样，任客户自由选择　/ 049
4.3.3　过程便捷，避免客户放弃付款　/ 050

4.4　5种策略，做好优质售后服务　/ 050
4.4.1　做好客户分类，重点对待优质客户　/ 050
4.4.2　2种结果，不要轻视任何一个客户　/ 051

4.4.3　2大收获，认真对待每个客户的反馈 / 052
4.4.4　5大技巧，处理投诉将损失降到最低 / 052
4.4.5　4大内容，灵活处理微店的用户中差评 / 054

第 5 章
软文入门：13大方面，认清打造爆款的载体 / 055

5.1　4大方面，了解微商软文撰写秘密 / 056
5.1.1　5大特点，助力优秀营销案例诞生 / 056
5.1.2　6大切入点，掌握软文表现技巧 / 058
5.1.3　4大目的，写作优秀软文的动力 / 061
5.1.4　4大步骤，按部就班写出10万+软文 / 062

5.2　3大策略，让软文发布效果不打折 / 063
5.2.1　3大类平台，全面覆盖发布 / 063
5.2.2　按照先"软文"后"硬广"发布 / 065
5.2.3　不同平台，要稍微进行改动发布 / 065

5.3　6大误区，帮你抓住软文编写重点 / 066
5.3.1　误区1：内容偏离中心主题 / 066
5.3.2　误区2：完全偏离产品实际 / 066
5.3.3　误区3：重数量而不重质量 / 067
5.3.4　误区4：版面错乱无法阅读 / 067
5.3.5　误区5：无法长期坚持创作 / 068
5.3.6　误区6：贬低竞争对手产品 / 069

第 6 章
软文写作：22个技巧，让微商产品营销最大化 / 070

6.1　8大要求，打造微商爆款软文标题 / 071
6.1.1　表现产品最大亮点，成功打动读者 / 071
6.1.2　说明产品实用性，提升软文点击量 / 072
6.1.3　表明产品差异性，让软文脱颖而出 / 072
6.1.4　筛选特定的观众，让软文精准推送 / 074

6.1.5 呈现产品福利，让利益实实在在可见 / 075
6.1.6 应用数字，激发读者探索背后内容 / 077
6.1.7 传递急迫感，加快读者的阅读速度 / 078
6.1.8 利用对比，突出优势加深读者理解 / 079

6.2 7大技巧，呈现受人欢迎的产品软文 / 080

6.2.1 图文结合，提升软文的吸引力 / 080
6.2.2 寻找痛点，解决隔靴搔痒的难题 / 081
6.2.3 多角度介绍，综合了解微商产品 / 083
6.2.4 围绕利益，激发客户的消费欲望 / 083
6.2.5 权威印证，提升消费者的信任度 / 085
6.2.6 亲情驱动，让客户认同并购买产品 / 087
6.2.7 热卖情景，让客户产生购买的冲动 / 089

6.3 7个方面，让微商软文图片更吸引人 / 091

6.3.1 高清图片，打好客户价值判断的基础 / 091
6.3.2 水印标签，扩大微商品牌或产品影响力 / 092
6.3.3 二维码，多形式做好产品电子名片推广 / 092
6.3.4 信息分层，让消费者一眼抓住营销重点 / 094
6.3.5 品牌推广，加深品牌记忆留住新老客户 / 095
6.3.6 注重质感，带给客户最佳的视觉感受 / 096
6.3.7 4种构图，寻找合适角度表现微商产品 / 098

07 Chapter 第7章
写作技巧：3大阶段，成功写作优秀微商文案 / 101

7.1 3大方面，了解微商文案的入门技巧 / 102

7.1.1 给客户营造一个良好的购买环境 / 102
7.1.2 5种方法创作意想不到的优质文案 / 103
7.1.3 提炼微商产品中客户不拒绝的理由 / 104

7.2 3个技巧，围绕客户让产品极致创新 / 105

7.2.1 好奇心：杜绝第一眼失去客户的可能 / 105
7.2.2 情感：让产品更容易走进消费者内心 / 106
7.2.3 故事：情感注入故事的朋友圈营销 / 107

7.3 3个方面，特定层次微商的软文决胜技巧 / 108

  7.3.1 借力资源，轻松掀起微商平台文案风暴 / 108
  7.3.2 产品体验，通过自身体验锁定潜在客户 / 109
  7.3.3 3大方面，逐步培养客户的长期支持率 / 110

第 8 章
朋友圈营销：18个技巧，助你顺利把产品卖出去 / 111

8.1 6大要素，做好朋友圈吸睛设置 / 112

  8.1.1 微信号：自带广告性质的"身份证"号码 / 112
  8.1.2 昵称：打造一个得体而又有特色的名称 / 113
  8.1.3 头像：朋友圈引人注目的第一广告位 / 115
  8.1.4 个性签名：自身性格与能力的最直接体现 / 117
  8.1.5 封面：完美布局充分展现广告位更大价值 / 120
  8.1.6 二维码：合适方式激起人们关注并主动扫码 / 122

8.2 6大技巧，助你做好朋友圈营销 / 124

  8.2.1 发文：重要信息放最前面 / 124
  8.2.2 图片：九宫格数量最符合审美 / 125
  8.2.3 转载1：公众号文章精准营销月入3万元 / 125
  8.2.4 转载2：新媒体平台内容提升产品热度 / 128
  8.2.5 晒单：激发客户购买微商产品欲望 / 130
  8.2.6 晒好评：放大营销的最有力的声音 / 132

8.3 3大方面，维护好朋友圈粉丝 / 135

  8.3.1 联系老客户：才能拉动店铺的销售总量 / 135
  8.3.2 进行回访：才能解决问题并增加下单率 / 136
  8.3.3 利益绑定：将优质客户发展成代理商 / 137

8.4 3种方式，让微商快速实现变现 / 138

  8.4.1 发展代理商：让更多的人成为产品的推广者 / 138
  8.4.2 批发式营销：购买力度大的微商变现方式 / 139
  8.4.3 打造成网红：利用超高人气和粉丝变现 / 139

第 9 章
朋友圈引流：25个技巧，要有财气先旺人气 / 140

9.1　12种方式，利用微信功能引流 / 141

- 9.1.1　通讯录：运用好我们最好的人气资源 / 141
- 9.1.2　附近的人：利用地理环境网络周围人气 / 143
- 9.1.3　现实资源：让朋友的朋友成为你的朋友 / 144
- 9.1.4　发红包：利用利益引导更多人加入 / 145
- 9.1.5　丢骰子送礼品：基于朋友引入扩展资源 / 146
- 9.1.6　摇一摇：利用好奇心交到更多朋友 / 146
- 9.1.7　雷达加友：面对面加好友引流 / 147
- 9.1.8　给照片加标签：图片转载获得人们关注 / 148
- 9.1.9　求签测试：结果分享实现快速引流 / 150
- 9.1.10　主动出击：寻找网上相关微信号引流 / 150
- 9.1.11　位置共享：自动定位的实时共享引流 / 151
- 9.1.12　个人名片：个性化才会更引人注意 / 152

9.2　其他方式，扩大朋友圈引流途径 / 152

- 9.2.1　文案推广：利用用户好奇心引流 / 152
- 9.2.2　资源诱导：3大方法有效引流 / 153
- 9.2.3　BBS运行：3大途径广泛引流 / 154
- 9.2.4　LBS推广：高效率、零投资引流 / 155
- 9.2.5　博客推广：4个方面引流时要注意 / 155
- 9.2.6　"以号养号"：5种方式发展小号引流 / 156
- 9.2.7　H5页面：新利器吸引用户自发传播引流 / 156
- 9.2.8　快递：3大流程实现优势引流 / 157
- 9.2.9　问答互动：把广告嵌入回复中引流 / 158
- 9.2.10　悟空问答：3大途径精准引流 / 160
- 9.2.11　电视节目：利用热门剧集影响力引流 / 161
- 9.2.12　百度热词搜索：借势大事件引流 / 162
- 9.2.13　识别扫码：线下二维码有效引流 / 163

第 10 章
公众号营销：23个方面，自建池塘蓄水养鱼 / 165

10.1 7大设置，让公众号更吸睛 / 166
- 10.1.1 名称定位：大号的第一张"脸" / 166
- 10.1.2 头像：助你火速吸睛的设置技巧 / 168
- 10.1.3 自定义菜单：分门别类安排内容 / 168
- 10.1.4 图片水印设置：给图片加标签 / 171
- 10.1.5 自动回复：与用户及时互动 / 172
- 10.1.6 留言管理：更好地了解用户反馈 / 174
- 10.1.7 原创声明功能：内容转载详情 / 175

10.2 3大阶段，教你做好公众号运营 / 177
- 10.2.1 前期：考虑时代环境和市场趋势 / 178
- 10.2.2 中期：寻找品牌传播的核心要点 / 178
- 10.2.3 后期：从两方面寻找爆点 / 179

10.3 9个方面，打造公众号精美版式 / 180
- 10.3.1 创建新图文消息：开启后台排版模式 / 180
- 10.3.2 字号：合适，才能更好显示 / 181
- 10.3.3 加粗：突出，才能更加瞩目 / 182
- 10.3.4 字体颜色：和谐，才是标的 / 183
- 10.3.5 间距样式：不要太紧凑 / 183
- 10.3.6 插入超链接：更全的内容提供 / 184
- 10.3.7 插入多媒体素材：除了文字还有它们 / 185
- 10.3.8 原文链接：提供完整体验 / 191
- 10.3.9 留言功能：实现交流互动 / 192

10.4 4大版块，深入了解平台运营数据 / 193
- 10.4.1 用户数据：构建公众号粉丝画像 / 193
- 10.4.2 图文数据：了解图文推广效果 / 195
- 10.4.3 消息数据：给用户最想要的东西 / 197
- 10.4.4 菜单数据：了解公众号菜单点击量 / 197

第 11 章
公众号引流：17 大方式，水源不断才能财源滚滚 / 199

11.1　3 个阶段，进行平台粉丝积累 / 200
　　11.1.1　3 大类别，培养优势多的种子用户 / 200
　　11.1.2　2 大方面，进一步积累初始用户 / 201
　　11.1.3　2 大方式，大力促进用户增长 / 202

11.2　3 大招，实现精准引流 / 204
　　11.2.1　用户定位，圈定有效人群 / 204
　　11.2.2　多样内容，吸引海量用户 / 205
　　11.2.3　点赞转发，利用功能引流 / 205

11.3　11 种妙招，打造百万粉丝账号 / 206
　　11.3.1　爆款文章：实现大范围引流 / 206
　　11.3.2　社群：吸引更多同类人加入 / 207
　　11.3.3　小程序：利用实用性引流 / 209
　　11.3.4　大号互推：粉丝共享达到双赢 / 211
　　11.3.5　通过活动：调动用户参与引流 / 214
　　11.3.6　线上微课：极具针对性的引流 / 215
　　11.3.7　征稿大赛：效果更高的引流 / 216
　　11.3.8　网络大赛：方式多样化引流 / 216
　　11.3.9　官方网站：企业型账号引流 / 216
　　11.3.10　硬件设备：3 种设备提升效果 / 217
　　11.3.11　邮箱：分享精彩、有趣的内容 / 218

第 12 章
自媒体入行：15 个技巧，让品牌更上一层楼 / 219

12.1　3 大方面，做好自媒体人应有的心理准备 / 220
　　12.1.1　专注：直接影响后续发展 / 220
　　12.1.2　坚持：要注意方向正确性 / 220
　　12.1.3　学习：5 大方面慢慢积累 / 222

12.2 4大内容，做好自媒体人应有的操作准备 / 224

  12.2.1 明确定位：才能有良好效果 / 224
  12.2.2 可靠平台：两大技巧进行选择 / 225
  12.2.3 大量好友：实现资源聚拢 / 226
  12.2.4 强力推广：4种方法吸引粉丝 / 228

12.3 4大准则，经营自媒体应该注意什么 / 229

  12.3.1 准则1：坚持正能量 / 229
  12.3.2 准则2：要乐于分享 / 230
  12.3.3 准则3：须严格细致 / 231
  12.3.4 准则4：受粉丝欢迎 / 233

12.4 4大内容，自媒体经营中不能做什么 / 233

  12.4.1 误区1：注意自媒体中的行骗套路 / 234
  12.4.2 误区2：4大方面产生不利影响 / 234
  12.4.3 方法1：注意方法可化解骗局 / 235
  12.4.4 方法2：对症下药可走出误区 / 236

第13章 自媒体平台：18大平台，背靠大树才好乘凉 / 237

13.1 9大主流平台，经营好自己的媒体矩阵 / 238

  13.1.1 今日头条：为用户提供有价值的信息 / 238
  13.1.2 一点资讯：个性化推荐的兴趣引擎 / 240
  13.1.3 知乎平台：社会化问答社区平台 / 241
  13.1.4 搜狐公众：3大优势的引流好渠道 / 241
  13.1.5 大鱼号：舆情实公开展示的平台 / 242
  13.1.6 百家号：为运营者创收的平台 / 242
  13.1.7 网易媒体：多种形式的广告吸粉 / 242
  13.1.8 简书：集写作与阅读于一体平台 / 243
  13.1.9 腾讯内容开发：可免费入驻的平台 / 243

13.2 9大其他平台，收割更多流量和粉丝 / 244

  13.2.1 虎嗅网：为用户提供商业资讯 / 244

13.2.2 爱微帮：积极为自媒体行业服务 / 245
13.2.3 思达派：为用户提供创业服务 / 246
13.2.4 砍柴网：探寻商业与科技的逻辑 / 246
13.2.5 速途网：社交媒体与在线服务平台 / 246
13.2.6 猎云网：知名互联网创业平台 / 246
13.2.7 新媒体：泛科技自媒体平台 / 247
13.2.8 品途网：O2O专业研究与服务机构 / 247
13.2.9 派代网：电子商务行业交流平台 / 247

第 14 章
微商自明星：10大技巧，名利双收的逆袭之路 / 248

14.1 4个方面，做好自明星的自我修养 / 249
14.1.1 积蓄力量：不急不躁等待时机 / 249
14.1.2 锻炼情商：增强沟通互动能力 / 250
14.1.3 跨界学习：做到知识的融会贯通 / 252
14.1.4 打造形象：培养自媒体个性 / 254

14.2 3大技巧，成就自明星的高手运营 / 254
14.2.1 微信："阶梯式"运营的技巧 / 254
14.2.2 微博：强势营销的法则 / 257
14.2.3 借势：捆绑大事件提高知名度 / 258

14.3 3个方面，完成自明星多方作战 / 259
14.3.1 内容跨界：需要稳定的经营根据地 / 259
14.3.2 经营跨界：首先从做微商开始 / 259
14.3.3 紧跟潮流：打造网红女主播 / 260

第 1 章

创业定位：4大内容，明白如何才能成功

学前提示

要想自己开创的微商事业能长期、健康地经营下去，首先要做好创业定位，准确的创业定位能够让微商创业者坚定自我。本章主要从定位目的、自我定位、产品定位和客户定位四个方面讲微商创业定位，使微商创业者能明白怎样才能走向成功。

要点展示

- 定位目的：3大目的，助你走出迷茫之海
- 自我定位：2大角度，找准自己扮演的角色
- 产品定位：3个技巧，运营好微商事业核心
- 客户定位：2大阶段，将产品卖给正确的人

1.1 定位目的：3大目的，助你走出迷茫之海

微商新手在创业之初往往会出现各种迷茫。看着别人的微商事业进行得风生水起，可自己的却一片混乱。这个时候他们就会出现"是不是卖的产品不受欢迎啊？""咦，好像他的面膜生意挺火的，我要不要也去卖面膜啊？"等类似的各种疑问。等他们换成觉得生意火爆的商品后，状况却还是跟之前一样，不禁开始对自己产生怀疑。

其实微商新手会出现这样的情况，很大一部分原因是没有对自己的事业进行一个详细的规划就盲目开始了。因此在开始着手做任何事之前，都要做好各方面的明确的定位。

1.1.1 不再盲目跟风，更理性

新手微商在刚开始走上微商之路时，如果不对自己进行定位就容易被其他人的行为所左右，变得盲目跟风、人云亦云、随大流，找不到适合自己的正确道路。例如在选产品时，哪款产品火自己就去卖哪款，完全不去思考是否适合自己、是否有经营这款产品的优势。在经营了一段时间后才发现自己并不适合且不喜欢经营这款产品，最后放弃再去选择另一个市面上的"爆款"产品经营。

因此，如果微商想要避免这种跟风情况的出现，找到适合自己的产品的话，就应该进行定位。微商克服盲目跟风的好处有两点：一是可以找到适合自己的领域，二是能在适合自己的领域长期坚持下去。

1.1.2 找出自身优势，更顺利

找出自己的优势也是微商进行定位的一个目的。因为开始一件事情之前如若能找出做这件事情自己所具备的优势，然后再好好运用优势，那么事情进行起来就会更顺利。

微商在工作中找准自己的优势有以下三个好处。

（1）提高自己的工作信心。

（2）提高工作的专注度和持久度。

（3）进一步提升自己的工作效率。

因此，如果微商要想长久地经营好自己的事业，就必须先了解清楚自己

经营这份工作所拥有的优势，然后再将这些优势运用到最大化，那样微商的事业才会进展得更顺遂。

1.1.3 不再轻言放弃，更坚定

很多新手微商在刚入行时因为没有给自己进行明确的定位，所以在产品的经营过程中就容易出现不专注、不能坚持的现象。这种不专注和不够坚持主要体现在两个方面：一是容易受到外界的干扰，二是做事情没有恒心。

微商如果容易受到外界的干扰，那么他在产品经营过程中就会出现做事三分钟热度、对自己没信心的情况，从而导致不能坚持下去、半途而废。更甚者想着重新换一种产品或者干脆完全放弃微商这份事业，那么他前期的努力就都白白浪费了。

因此，微商在开始自己事业的时候进行自我定位是非常有必要的，它能够让每一个微商专注于工作不受外界干扰，能在遇到挫折时不轻言放弃。

 专家提醒

微商在前期工作中会遇到各种各样的困难，如果入行时没有针对自身做好各方面的明确定位，那么很容易在这一行坚持不下去。所以每一个跨进微商行业的人前期都应进行自我定位。这样才能在遇见困难时从容面对，跨过微商道路上的每一个坎，更好地迈向成功。

1.2 自我定位：2大角度，找准自己扮演的角色

做一件事情前，要先想清楚自己在这件事情中扮演的角色是什么、自己应该站在什么位置，找准角色跟位置才能正确出力，从而将事情做得成功且出色。

微商的自我定位也是一样的，每一个微商在开始自己的创业之路时要先想好自己的角色是什么，自己应该从哪一个位置开始。这样才是一个好的开始。

1.2.1 3大选择，定位个人角色

一般来说，微商可以分为个人微商、团队微商、品牌微商三大类。微商

选择角色,是指在微商入行前要先确认是自己单干、加入团队或者代理品牌。

每种类型的微商都有其主要的工作内容及所需具备的能力。那我们来针对每种类型的微商做一个简单的分析。

1. 个人微商

如果微商选择自己单干,那他就是个人微商,他的主要工作内容跟重心就是以个人微信宣传为主,对于他个人的能力要求也就较低。自己单干的微商主要工作内容和应具备的工作能力,具体如图1-1所示。

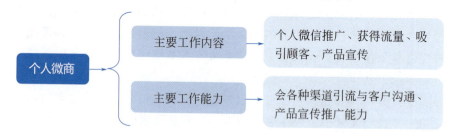

图1-1 个人微商主要工作内容和应具备的工作能力

如果你在刚入行的时候选择自己单干的话,那么你主要的工作内容就是学习微商的工作内容和工作流程,慢慢积累自己的经验。同时也要具备沟通客户、宣传产品、获取流量等基本能力。

2. 团队微商

如果你选择创建团队的话,那你就是团队微商。团队微商相对于个人微商而言,需要具备的商业经验以及个人能力要丰富一些。团队微商的主要工作内容和应具备的工作能力具体包括以下方面,如图1-2所示。

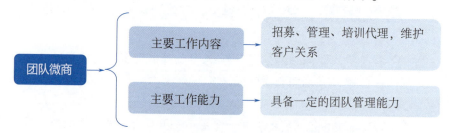

图1-2 团队微商主要工作内容和应具备的工作能力

如果选择创建团队的话,你就需要具备一定的团队管理能力。因为一个团队管理的好坏会直接影响到整个团队的发展。团队微商的主要工作是以招募、培养、管理代理为主,不断壮大队伍,增强个人及团队的影响力。

微商如果要创建一个微商团队的话,除了工作能力要杰出外,同时也要注重自身人格魅力的培养与提升。团队管理者拥有自身人格魅力,团队的成员才更容易被你所号召,团队才会更有凝聚力。

3.品牌微商

如果你决定创建微商品牌的话,那你就是品牌微商。你需要清楚的是:品牌微商是你从事微商行业的目标,还是你已经具备品牌微商该有的实力。

如果你是将品牌微商作为你奋斗的目标,那么你就应该从前期的个人微商或者团队微商开始慢慢积累实力,为未来做铺垫。

品牌微商主要工作内容和应具备的工作能力有以下要求,具体如图1-3所示。

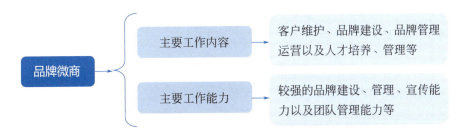

图1-3 品牌微商主要工作内容和应具备的工作能力

上述的自我定位主要是让微商选择好在微商道路中的起始点,这个定位可以根据自身的实际情况出发,选择适合自己的即可。

1.2.2 2大角度,决定个人方向

要到达一个目的地,选择正确的出发方向是十分重要的,成语"南辕北辙"就很好地说明了这一点。如果选择的出发方向不对,那么你走得越快越远也只是更加背离了自己的终点。微商在开始自己的微商之路时,可以从两点选择自己的出发方向,一是自身兴趣,二是自身优势,两者都可以使微商之路走得更好、更远。

微商选择自己的方向可以从自身的兴趣出发。杨振宁曾说过:"成功的秘诀在于兴趣",由此可见兴趣的重要性。兴趣是最好的源动力,微商在选择自己的方向时如果能从自己的兴趣出发,那么他的微商之路将会充满乐

趣，不容易感到疲累，更不会轻易放弃。

同时，微商在选择个人方向时也可以从自己优势出发。优势会使自己比别人在同一领域更容易获得成功。这种优势可以是两方面的，一个是自身的特长优势，另一个是自己的资源优势，两方面的优势都可以更顺利地帮助开展自己的微商之路。

微商将个人兴趣或特长与自己的微商事业结合起来，以兴趣、特长为推动力，这样微商的经营之路才会越走越顺畅、越走越远，最终获得成功。

1.3 产品定位：3个技巧，运营好微商事业核心

选择自己想要经营的产品是生意人该认真思考的，微商也不例外。产品是整个经营事业的核心。微商选择一款好的、对的产品对自己的经营事业来说是极为重要的。微商产品选择需要考虑以下内容。

1.3.1 2大前提，找出要经营的产品

新手微商在选择自己要经营的产品时，通常都会比较纠结。因为市面上的产品太多，不知该如何选择。其实微商在选择产品时只要掌握以下两个策略，就可轻松找出自己要经营的产品。

1. 把市场需求作为前提

有市场才会有需求，需求带动销售。新手微商在选择自己要经营的产品时，也可以从市场需求这方面去思考。先了解市面上哪些产品的需求量多，然后以用户需求为主要决策点，选择那些产品需求数量大、需求人群大的产品。也可以理解为，什么东西买的人多就选择什么，一切以市场为主。

2. 把兴趣特长作为前提

在之前讲微商选择个人方向的时候，我们就讲到了以兴趣和特长为出发点，也说了兴趣与特长对微商道路的意义。在选择自己的经营产品时，我们还是要以自己的兴趣和特长为前提，选自己喜欢、感兴趣的或者是自己有优势的产品去经营。

有兴趣的产品能激发微商的积极性，能使微商更具上进心。例如，一个新手微商本身对皮肤护理、化妆品领域比较有兴趣，那么他（她）在选择自己经营的产品时就可以从这方面出发，护肤品、面膜、彩妆等都是不错的选择。

而特长，则是指自己本身在某一类产品方面有一定的了解，或者有这方面相关的人力、物力资源可以依靠。例如，一个人在选择做微商之前从事较长一段时间的服装行业的销售工作，对服装搭配很擅长，是时尚达人，或者在服装行业有一定的人脉资源，能有稳定的各种拿货渠道，那么他（她）选择自己微商事业中要经营产品时就可以考虑服装类的。

1.3.2　4大因素，衡量经营产品本身

微商在选择产品的时候除了要考虑自身与市场的因素之外，还要对产品本身情况做一个思考。产品自身主要需要考虑以下几个方面。

一是产品质量的好坏决定了客户对产品的满意度，同时也对微商的口碑有很大影响，选择一款质量上乘的经营产品是每一个微商都应该做到的。

二是产品性价比是客户在选择商品时会考虑的一个重要因素。性价比的高低会决定客户对产品的整体满意度。如果产品是日常必需品，那么性价比也会对客户的回购率产生一定影响。所以微商要根据自己经营的情况、服务的消费人群等将产品性价比纳入考虑范围之内。

三是产品需求量的高低会决定微商的产品销售量，同时也会影响客户的重复购买率。需求量高的产品对于初期微商创业者来说是比较适合的。

四是产品的市场占有率，指微商所经营的产品在市场里多不多，客户可得性强不强。如果产品市场占有率高，那就说明微商的市场竞争力会比较大，因此微商对产品的质量要严加把关，对客户的服务要做得更好，才会更有竞争力。如果产品市场占有率低，那么竞争性就低。这也反面说明产品需求者少，微商就要着重于产品、客户服务质量的提升。

1.3.3　3个不要，找出长期经营产品

微商在进行产品选择时，除了要进行上述两个方面的考虑外，还要谨记以下3个不要，这样才能找出适合长期经营的产品。

1.不要"三无"产品

微商在选择经营产品的时候一定要注意的一点就是，万万不可售卖"三无"产品。要知道消费者对于这种三无产品是非常抵触的，如果微商售卖这种产品，那么他的微商事业也要就此终止了。

而且，售卖三无产品是触犯法律的，会受到法律制裁。因此，微商在选择产品时一定不要染指这类产品。

2. 不要劣质产品

产品口碑的好坏对微商来说是很重要的。劣质产品客户的满意度会非常低，客户体验效果就会不好，从而导致客户不会主动向身边的朋友去推荐，最终也达不到产品宣传、口碑提升的目的。

因此微商在选择产品的时候要注重质量把关，确保提供给客户的产品都是优质产品，而不是劣质产品。

3. 不要无前景产品

产品的市场前景代表着产品的未来预期销量。市场前景好的产品微商才能持久地经营下去，而市场前景差或者没有市场前景的产品，其存在只是短暂的，经过一段时间的经营后，产品销量将会渐渐下滑，甚至无人问津。这时，微商又需要重新选择产品，从头开始经营。

并且有些市场前景不好的产品，在产品刚刚出现在市场之时，潜在的需求者也不会太多。这代表着微商在经营这种产品的时候可获得的收益是不乐观的，很可能经过长时间的经营，却没有换来多少收益。

1.4 客户定位：2大阶段，将产品卖给正确的人

客户是微商经营中的主要对象，选择好服务对象才是至关重要的。将产品卖给对的人才是微商正确的销售方法。那要怎样选择产品的服务对象呢？可以分以下两个阶段来具体分析，第一阶段是选好产品使用人，第二阶段是选好产品适用人。

1.4.1 2个方面，锁定使用人群

当你选择好了自己要经营的产品之后，就要确定你所经营的产品的使用人群范围。锁定使用人群，有针对性销售才能将产品卖出去。

那什么是产品的使用人群呢？产品的使用人群，指的是会用到这类产品的人。这主要从两方面去考虑：一是性别，二是需求。

举一个简单的例子，如果你是一个从事高端女性化妆品经营的微商，其朋友圈如图1-4所示。那么你首先应该把目标群体锁定在女性上，因为男性是不需要的。

然后根据是否对产品有需求筛选出目标群体。因为你销售的是化妆品，

那么就可以排除年龄小和年龄大的女性，因为这一部分女性一般是不需要化妆品的。

根据这一筛选把初步的目标客户定在年轻女性群体就可以了，这个群体里包含了年轻女大学生、年轻白领、年轻家庭主妇和大龄妈妈等。

1.4.2 2大要点，精确适用人群

微商初步确定好产品使用人群后，可以再进一步精确范围，找出经营产品的精准适用人群，然后再针对这些人去推广自己的产品。产品适用人群也需要从两方面来确定：一是消费能力，二是消费意识。

图1-4 高端女性化妆品微商的朋友圈

确定产品适用人群的消费能力，是指目标客户有没有购买能力。依旧使用上一个例子来说明。经过上面步骤的分析，将经营高端女性化妆品的微商的目标客户锁定在年轻女大学生、年轻白领、年轻家庭主妇和大龄妈妈这个范围中。

然后，我们再根据消费能力将年轻女大学生排除。因为是高端化妆品，产品价格会较贵，年轻女大学生还不具备这个消费能力，而年轻白领、年轻家庭主妇和大龄妈妈因为有自己或者家庭的收入所以能够消费得起。最后剩下的主要目标客户为年轻白领、年轻家庭主妇、大龄妈妈这一群体。

最后，我们再根据客户是否具有消费意识这一点，从上述两个群体中挑选出那些具有消费意识的，即愿意花钱装扮自己的年轻白领、年轻家庭主妇、大龄妈妈即可。

 专家提醒

上述方法旨在传递给读者选择产品服务对象的具体思路，找出产品主要服务对象范围，具体还是要看实际情况。

第 2 章

创业模式：5大模式，掌握微商创业正确姿势

> **学前提示**
>
> 　　微商创业，虽然不如创立实业那么困难，但依旧有着一定难度。本章深入浅出地讲解微商创业的5大模式，从各个角度给予微商指导。
> 　　微商创业，任重而道远，选好适合自己的模式是一切成功的开端。

要点展示

- C2C模式：容易白手起家的创业模式
- B2C模式：掌握微商发展未来主流模式
- O2O模式：从线上到线下的引流模式
- 代理模式：发展外部的结构型模式
- 品牌模式：实力派微商成就模式

第2章
创业模式：5大模式，掌握微商创业正确姿势

2.1 C2C模式：容易白手起家的创业模式

C2C指的是两个人之间的网络交易行为。作为外国传来的概念，C2C，实际上是Customer To Customer，中文翻译为消费者对消费者之间的交易。例如一个人作为消费者，将一些物品通过网络进行交易，成功售出给另外一个消费者，完成的交易模式便称为C2C模式。C2C模式作为门槛较低的模式，具有方便的购物流程、独有的特点特性和轻资产的创业基础，十分适合刚进入微商的新人白手起家。

2.1.1 环境：C2C格局已稳

自2000年以后，中国的电子商务正以无与伦比的速度迅猛发展着。中国的电子商务不仅改变着我们原有的生活方式，也对市场环境产生深远的影响。在电子商务的运营模式中，C2C模式经过多轮的市场竞争，只剩下淘宝网和一些微商渠道。下面笔者以淘宝网为例，简单介绍下C2C模式创业的环境。

淘宝网是由阿里巴巴集团在2003年创建的C2C购物网站，经过十五年的发展，已成为国内最大的C2C购物网站。在淘宝上，用户可以很方便地购买到一切现实中想买的商品，并且快递到家。图2-1是淘宝网官网的简介。

截至2018年，淘宝网的年活跃用户已达到6亿人。光是"双十一"，淘宝网和天猫的销售额就达到3143.2亿元。在淘宝上开店十分简单，费用方面也只需要一千元作为保证金即可，如果后期用户不想开店了，关闭店铺之后可以退还。

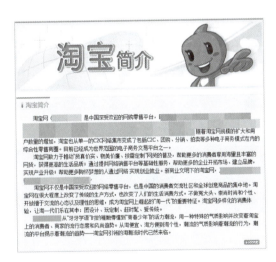

图2-1 淘宝网官网的简介

2.1.2 方式：4大购物流程

大部分电商平台，包括淘宝、京东、拼多多等，购物流程都大体相同，

具体可以分为四步,接下来,笔者进行详细说明。

1. 搜索关键词

进入一家购物网站,用户首先看到的都是搜索框。这时,用户只需要在搜索框内输入想要购买的商品关键词,例如:男装。接下来,网站就会跳转具体的商品展示页面。如果用户想要搜索更具体、更详细的商品,可以巧妙利用空格,输入多个关键词,缩小商品范围,自然可以更快地找到心仪的物品。

2. 联系卖家

当找到心仪的物品时,用户一般会浏览商品详情页面。但商品详情页面只能包含商品的主要信息,如果用户对商品还有其他疑问。这时,就需要用户主动联系卖家,提出疑问,商家看到信息时会进行回答。

3. 购买商品

用户全面了解清楚商品信息之后,如果依旧对商品有兴趣,就可以付款进行购买。现在,只需要有任何一家银行的银行卡或者信用卡,就可以很方便地进行网络付款交易。

4. 进行评价

当用户收到商品之后,确认付款便可以对商品、商家和快递进行评价。商家看到评价后,也会对用户进行回复。同时,大部分购物网站的商家也可以对购买其商品的用户进行个人评价。用户对商品的评价如图 2-2 所示。

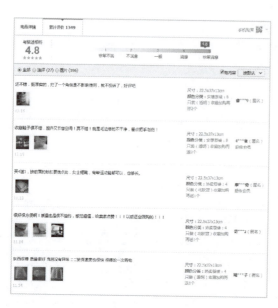

图2-2 用户对商品的评价

2.1.3 特点:4大C2C模式特性

2000年之前,C2C模式便出现互联网上。经过这么多年的发展,C2C依旧迸发出巨大的活力,其中一些特点有别于其他电子商务模式,形成了C2C

模式的独有特色。笔者下面选择四点进行说明。

1. 低门槛

从人们的日常交易方式来看，C2C模式本质上是一种非常简单的交易模式，不需要任何资质的认证。任何人只要有心，都可以成为C2C模式中的卖家。

2. 节约资源

C2C模式的亮点主要体现在节约资源上，一是C2C模式中的商品，可以是用户自身用过，但不再需要的二手商品。例如，闲鱼、转转等平台就是主要帮助用户进行二手产品的交易。二是C2C模式让用户有机会利用剩余时间和空间去进行交易。例如，很多微商都会把商品堆积在家中的剩余空间，是对剩余空间的二次利用。图2-3就是某位微商将产品堆积在家中一角。

图2-3 微商将产品堆积在家中一角

3. 信息复杂

C2C模式在带来海量用户的同时，也让每一位用户的身份信息和商品信息都变得复杂无比，难以核实。

4. 创意交易

对于C2C模式的交易者来说，只需要双方认可，可以产生多种交易模式，不一定要有金钱来往。交易者可以选择以物易物、服务换取物品、教学换取物品等多种交易方式。

2.1.4 性质：轻资产的创业模式

现阶段，C2C模式是最容易白手起家的创业模式。微商的火热，从侧面证明了C2C模式十分容易应用到个人网络交易上。只要拥有空闲时间的人，就能够从互联网上引流吸粉，营销自己的商品或者是帮其他商家做推广，从而获取收益。微商用C2C模式进行交易，大部分情况下消耗的只有自己的时间和精力。

但是以C2C模式进行创业，也有其严重弱点。下面笔者具体说说其中的三点：一是门槛太低，导致竞争非常激烈；二是推广不易，全看个人水平；三是货源不稳定，质量无法保证。这三点决定了C2C模式虽然可以进行初期的创业，但大部分人还是将C2C模式当成副业来对待。

2.2 B2C模式：掌握微商发展未来主流模式

B2C指的是商家与个人之间的网络交易行为。B2C，全称是Business To Customer，意为商家对消费者之间的交易。

B2C模式具有较大的优势，也能形成自己的营销策略，是一种十分成熟的模式。微商在选择B2C模式可以向蓝海领域进发，从而避开惨烈竞争。

2.2.1 10大优势，已获得大家认同

纵观网络上大部分的微商，其实都是在做代理商，用自己已有或者扩展出来的资源去营销产品。但个体的实力和精力是有限的，如果没有团队或者企业的帮助，是无法做出系统性的活动或者推广，也无法提供稳定的售后保障。

大部分成功的微商背后都站着一群人。当擅长不同领域的人才为同一个目标一起奋斗时，目标才更容易达成。下面笔者罗列出一些优势给大家参考。

1. 符合电子商务的发展趋势

电子商务的发展经过多年的发展，已从初期的C2C模式或者说个人为主的模式，转变到现在的B2C模式或者说企业为主的模式。这是因为当网络交易变成主流模式的同时，带来了大量的流量，而这些流量引起了企业的注意。当企业入驻到网络交易当中时，其稳定优质的服务拉高了消费者的标准。电子商务也从前期的野蛮生长变成如今的井然有序。

微商也是如此，随着拼多多为代表的社交模式购物进一步挤压市场，微商也到了不得不全面提升的时间点，所以B2C模式的微商将在未来成为主流。

2. 消费者的权益保障

企业运营需要经过注册及相关审核，机构和平台也会对企业进行抽检或者年检。因为机构和平台方面的规范化，企业无疑能比个人更好地提供统一的产品、物流和售后服务。消费者如果在购物中遇到问题，可以直接跟平台

或者机构对话，也使消费者多了一层保障。

3. 投资项目的负担减轻

微商的个体经营需要投入一定的资金才可以开展，一般都会要求代理商至少购买一定的货物才能享受相应的折扣。这样一来，大量货物积压在手中带来的负担可想而知。微商面对巨大的负担，往往会通过疯狂刷屏、盲目招代理等手段来促进销售。这种行为不仅容易招致消费者的反感，还会陷入越营销越收入惨淡的困境。而B2C微商因为由企业或者平台统一管理，无需代理商囤货进行销售，自然也不存在投资项目带来的负担，微商也可以更加轻松地推广产品，更加耐心地对待前来咨询的消费者。

4. 代理资格更容易取得

加盟B2C微商的方式相较于成为C2C模式的微商更加简单，通常无需任何资金投入，只需要转发链接或者二维码即可。当消费者通过链接或者二维码进行购物，微商就可以收到推广该商品的佣金。同时，购买产品和招募其他代理都可以通过平台完成，微商无需考虑其他问题。微商的巧妙之处在于一个"微"字，但现在的微商模式对于想开展副业的人来说，还是太过于困难，代理资格的门槛也过高。

5. 获取收益基本一致

很多人可能觉得，B2C模式下的微商收益会比C2C模式下的微商收益小很多。其实，在附加价值高的品牌下，收益是一样的。微商如果想在单件商品上获取较高收益，可以多寻找一些附加价值高的商品。或者微商也可以选择销量大的一些商品，从销量上达成自己的收入目标。

6. 推广信息更有保障

在平台的统一安排下，微商所需要的推广资料都会被平台提前准备好。微商可以更加从容、科学地安排推广流程，发布在各大社交平台上的内容也会更加优秀。从原来随意选择的资料，转变成精心安排的内容。在微商不具备相关推广能力时，简单的发布资料就可以带来一定的收益。

7. 无需微商进行虚假保证

售后，往往是困扰微商的一大问题。而B2C模式的售后全都由平台统一负责，为消费者提供了完善的售后服务。这样一来，就不需要微商进行虚假保证。一旦商品出现问题，可以让消费者直接和平台对接，从而解决问题，让消费者成为微商的回头客和忠实客户。

8.无需微商处理发货问题

由于不需要微商自己投入资金来囤货，自然也不需要发货。当消费者购买商品后，直接由平台发货并保证商品的及时送达。对于微商来说，也轻松许多，不需要考虑商品存放、断货缺货等问题。

9.商品价格统一

微商市场上，有时会出现价格混乱的现象，某些微商为了快速销售，会降低价格以求达成交易。如果是B2C模式的话，微商完全不需要担心价格问题。因为商品价格只能由平台统一修改，所以不会给微商造成价格上的任何比较。

10.平台方面的日常辅助

微商只需要依据资料时不时地进行推广，其他工作完全由平台来进行。在提升消费者信任感的同时，也让微商成为真正意义上轻松无比的工作。所有开展微商工作需要的辅助事项，企业方面都将会提前为微商准备。

在瞬息万变的市场情况下，专注于推广一项事情的B2C模式微商，将会比杂事缠身的C2C模式微商走得更好、更远。

2.2.2 3大方面，诠释其营销策略

B2C模式下的微商，其核心在于推广营销。而微商推广营销所用的策略，从内容上来区分，大体有三种。下面笔者进行一一介绍。

1.专注产品的营销策略

一个好的产品，等于最开头的"1"，之后的营销等于往后面加"0"。如果没有最开头的"1"，那么无论往后面加多少个"0"，都等于什么都没有。在微商的实际营销中，根据产品的功效来做文章，也是专注产品的一种体现。因为B2C模式的规范性，产品的具体参数往往显示得比较准确。这时就需要微商根据商品的具体参数，有意识地挑选品质过硬的产品进行营销。当微商自身的产品过关，就可以围绕产品进行营销，客户也会认可其产品，成为忠实的客户。

2.提高知名度的营销策略

为了营销产品，微商必须尽可能地让更多人知道自身产品，通过推广等

方式向客户传递产品功能、品牌理念等信息，使客户潜移默化地接受产品。在有类似产品需求的时候，第一个想起微商，从而达成交易，获取收益。

3.个性化推广的营销策略

当今的消费者群体，有相当一部分人十分讲究个性，并且个性化契合每一个人的独特需求，具有非常广大的发展前景。微商可以在B2C模式平台挑选有定制服务的产品，契合每一位客户的实际情况进行营销。客户也会从中感受到微商对于客户的关怀，加深彼此的联系和感情。

2.2.3　3大模式，各具独特的优势

各大B2C模式平台经过多年发展，逐渐显露并形成自己独特的优势。其中更是以天猫、京东和网易严选最具有代表性。

1.天猫：为商家服务

天猫商城本质上是在做互联网商家平台，商家可以通过这个平台出售商品，获得收益。这种模式可以看作是网上的商场，各个品牌入驻跟在商场里开店铺在流程上没有太大的区别。天猫商城只提供平台，并保证商家在进行交易时遵守天猫商城的规定，不会违规。这种模式的好处在于平台不负责销售产品，只需要树立好自身形象，保持中立即可，收入也不会因为产品的销量产生变化，资金流十分稳定。所以，微商可以放心地在这类平台上选择商品进行推广，一旦出现纠纷，也可以直接找平台进行申诉。天猫的微商代理渠道名称为淘宝客。图2-4为淘宝客的官网介绍。

图2-4　淘宝客的官网介绍

淘宝客只要从阿里联盟获取天猫店铺商品的代码，发布在自己的社交平台上。一旦有用户通过微商发布的链接进入天猫店铺购买相应商品，微商就可以获取相对应的收益。

2.京东：自主经营

京东商城，其类似的线下产业是华润万家、永辉超市等超级市场。通过自己购买各大品牌、厂商的产品来进行统一经营。虽然京东上也有商家开店铺进行营销，但大部分京东的消费者更愿意选择京东自营来进行购物。

同时，为了更好更快地将商品送到消费者手中，京东自建仓库让物流时间大大缩短。但这样重资产的模式，导致京东的业绩压力十分巨大。好处则是京东对外是高度统一，内部竞争比较小。消费者如果遇到什么问题，也可以直接找京东官方客服进行交流。

京东的微商代理渠道名称为京东联盟，微商代理被称为京粉。图2-5为京东官方的微商代理介绍。

图2-5 京东官方的微商代理介绍

3.网易严选：自产自销

网易严选是自产自销模式的代表电商，通过与国际大牌的制造商合作，去除品牌溢价，自己生产并销售产品。这种模式的优势在于，每一件商品从生产到销售全部由网易严选进行掌控，没有供货商的货源限制。而这种模式，也导致了网易严选的商品种类较少，集中为生活家居这一大类。

网易严选的微商代理渠道名为网易推手，微商代理可以从网易严选中选取相关产品进行营销。网易推手的官网首页如图2-6所示。

图2-6 网易推手的官网首页

2.2.4 巨大前景,选准微商蓝海领域

B2C模式经过多年的发展,已经逐渐成熟。科技的快速发展也将为B2C模式注入新的活力,焕发出新的生机。

随着收入水平的提高,人们的保险意识有了进一步的加强。阿里巴巴旗下的支付宝手机APP就开辟了"蚂蚁保险"栏目,专用于营销各类保险。而根据中国旅游研究院发布数据,2018年上半年,国内旅游人数28.26亿人次,比上年同期增长11.4%。国内旅游收入2.45万亿元,比上年同期增长12.5%。旅游热在不断升温,B2C模式在特定行业仍有更大的发展前景。

微商可以从原有的保健品、护肤品等热门微商产品中另辟蹊径,选择一些兴起不久的微商产品,例如保险、旅游类产品,避开红海竞争,转而开拓蓝海领域。

2.3 O2O模式:从线上到线下的引流模式

O2O模式的英文全称为Online To Offline,主要是指将线下的考查、服务等环节与线上打通,形成线上线下一体化。随着移动设备的不断发展,人们可以很容易地在线上做前期考查、付款等行为,直接到线下店铺进行消费。

2.3.1 4大优势,线上线下完美结合

O2O模式的优势在于消除了线下商品的距离感,通过网络的方式,让用户更加清晰地了解到周边商品的位置和存量,实现线上与线下的完美对接。

1. 店铺不受现实环境限制

O2O模式将原有的店铺展示、橱窗展示变成了互联网展示，用户不需要实际来到店铺中挑选商品。这样一来，店铺原有的环境限制就得到了一定的消除。一些在边边角角、难以寻找的店铺也获得了和位置良好的店铺同等的流量。

2. 对营销效果更方便的统计

线下活动往往是需要签到、留存小票等形式来进行活动统计，并且在后期还需要专人进行归纳和统计。而O2O模式则无需如此麻烦，可以直接统计线上订单，查看用户群体的消费偏好，方便快捷地找出爆款商品。

3. 折扣信息推送方便快捷

线下推送活动折扣信息，必须得在目标用户可以看到的地方进行实体广告。这种广告模式不仅耗资不小，而且效果难以估计。而O2O模式则可以很方便地将折扣信息及时推送至目标用户，甚至针对不同的用户推送不同的折扣信息，形成更强的吸引力。

4. 用户咨询更加方便

用户在售前往往会对商品产生一些问题，问题得不到解答，用户也不会对商品产生实际购买的欲望。而O2O模式可以让用户直接咨询线上客服，一旦问题得到解答，用户对商品感到满意，交易自然成功进行。

2.3.2 4大阶段，详解消费流程

O2O模式的特性导致用户的购物流程大体可以分为两部分，线上和线下。线上平台为用户提供商品信息、优惠信息、具体店铺信息、分享渠道、预订和付款等。而线下平台则专注于提供商品与服务。在整个流程中，用户的消费过程可以分解为四个阶段。

1. 吸引用户前来消费

线上平台作为用户消费行为的开端，最重要的功能就是引流。常见的引流入口包括：点评类应用、社交类应用、地图类应用等具有定位功能的APP。当应用获取用户位置信息时，就可以推送距离较近的店铺信息和商品信息。

2. 刺激用户决定消费

线上平台向用户提供优惠信息，同时给予用户足够多的同类商铺和商品对比，潜移默化地将用户的想法从"要不要买"变成"买哪家"，实现下单。

例如，饿了么、美团外卖等外卖平台在用户每一次登录APP时，首页都会提供优惠信息，刺激用户决定消费，如图2-7所示。

图2-7　外卖平台首页提供优惠信息

线上平台会向消费者提供商铺的具体位置、优惠券等信息，方便消费者了解商铺，也可以将不同商铺进行对比，直到消费者选择其中一家，完成消费决策。

3.线下店铺实际消费

用户在线上平台买单后，就可以通过二维码、付款码等方式到线下店铺实际消费。对于用户来说，更加方便快捷，无需携带现金。而对商家来说，也杜绝了收到假钱的可能性。

4.用户反馈消费体验

用户把自己在线下平台感受到的实际消费体验反馈至线上平台，方便店铺了解客户的真实想法，从而针对商品和服务进一步优化，争取更多的回头客。

2.3.3　3大企业，成功广泛适用

说起中国互联网企业，BAT这三家代表着中国最大的互联网本土企业。

其中B指的是百度，A指的是阿里巴巴，T指的是腾讯。下面笔者向大家介绍BAT三家O2O模式的业务与布局。

1.百度：退出O2O模式大部分行业

在O2O刚刚兴起的时候，百度曾布局外卖、票务等O2O行业，开发并向市场推出百度糯米、百度外卖等O2O模式应用网站和APP。但好景不长，百度外卖被饿了么收购，百度旗下的百度糯米影业也被爱奇艺收购。但团购网站百度糯米依旧在运营当中，百度地图也切入O2O模式出行领域，寻求更大的发展前景。

2.阿里巴巴：O2O模式联系紧密

阿里巴巴是从购物起家，可以说是与O2O模式联系最为紧密的一家巨头公司。在餐饮方面，2018年阿里巴巴全资收购饿了么，与美团外卖竞争。在消费评价方面，阿里巴巴上线了口碑，能够让用户方便地评价店铺和获取优惠。在超市和便利店方面，阿里巴巴开发了盒马APP。在出行领域，阿里巴巴全资收购了高德地图。现阶段，阿里巴巴更是提出了新零售概念，来全面切入O2O模式及行业。

3.腾讯：智投O2O模式

腾讯是以社交软件和游戏为主的互联网公司，针对O2O模式，更多的是入股一些O2O模式头部公司。在消费评价方面，早在2014年，腾讯便收购了大众点评百分之二十的股份。在其他O2O行业，腾讯投资了每日优鲜、58同城等O2O行业领先公司，以投资合作的模式布局O2O模式行业领域。

2.4　代理模式：发展外部的结构型模式

微商代理模式本质上可以看作一种协议，代理商在一定范围内代表品牌或者微商向消费者营销产品。代理模式可以发展外部资源，形成团体结构，并根据人数的多少来变化结构类型。

2.4.1　3大模式，应用微商代理商

微商代理商从开始到现在已经经过了多次变化升级。现阶段，微商代理商也从原来的单一模式发展为如今的三种模式，下面笔者进行逐一介绍。

1.零售发货模式

零售模式的主要特点是"一件代发",微商代理商无需囤货,可以有了客户并实际成交、获取收益之后,再找微商或者品牌运营方进行发货。而且,微商或者品牌运营方负责商品的售后以及其他服务。但这种模式,也带来一定的危险。因为微商代理商无法接触到商品,所以商品的质量难以估计,比较难树立好口碑。

2.轻量级模式

轻量级模式的主要特点是能够退换货,做得好的微商代理商可以组建团队扩大销量,做得不好的微商代理商也不用担心商品卖不出。在一定时间内,商品如果没有销售完,是可以退回微商或者品牌方,从而减少损失的。但这种模式,一般要求前期投入较高,单次进货金额要求达到一定数目,适合有一定经济基础的微商代理商。

3.重量级模式

重量级模式就是最先出现的代理模式,要求微商代理商购买一定商品进行囤货,往往买得越多,单价越低。商品的营销主要依靠微商代理商的个人水平。但这种模式会给微商代理商带来较大的压力,从而导致微商代理商在社交平台刷屏的行为。

2.4.2　3大方面,成为优秀代理商

每一份工作,每一个行业都有门槛,代理商也是如此。面对众多的代理商,微商和品牌方要慎重选择,从中挑选出有潜力的代理商进行培养。下面,笔者以图解的形式向大家介绍从哪些方面进行微商代理商的挑选,如图2-8所示。

图2-8　微商代理商的挑选标准

2.4.3 5大法则，成功发展代理商

微商和品牌方在招收代理时，不仅要学会挑选代理，更要学会如何去激励代理商，提高代理商的行动力和激情。

1. 定期培训

对于微商代理商来说，是需要一定技巧来帮助成交，获取收益的。这时，就需要微商和品牌方对代理商时不时地进行培训，以跟上外部环境的变化。

2. 态度一致

微商代理商的业绩和数量会在一定程度上影响微商和品牌方对于代理商的态度，这样往往会给代理商带来不平衡的感觉。所以，微商和品牌方对代理商的态度要保持一致，并不因为外界环境的改变而变化态度。这样，才能成功获取代理商的持续信任和尊重。

3. 树立新榜样

要定期更换微商代理商的榜样人选，避免某一微商代理商作为榜样太久。否则，会招致其他微商代理商的怨言，也会让作为榜样的微商代理商变得骄傲自大，不断抬高价码。

4. 鼓励竞争

没有对比，就没有动力。微商和品牌方要调动起微商代理商们的竞争心理，让他们有着明确的目标进行奋斗。

5. 有效沟通

对于代理商的状态，微商要做到心中有数，定时定期跟代理商进行沟通，保证代理商的问题得到解决。这样一来，微商与代理商可以建立良好的合作关系，也能针对产品的销售及售后进行改进。

2.5 品牌模式：实力派微商成就模式

微商的品牌模式是指微商自己创建品牌或者借助其他企业品牌的一种模式。微商自己建立品牌需要微商本身具备一定的实力，抓住机会创立自己的品牌。

而借助其他品牌则要微商能够挑选出具有前景的品牌企业，与之建立合作或者品牌代理的关系，借助企业品牌的原有力量去开展微商事业。

2.5.1 5大趋势，助你做好微商品牌营销

微商代理的品牌或者自身创建的品牌，都需要微商不断地营销和进行更新，来适应不断前进的社会，找到新的客户群体。

1. 专业化趋势

单纯刷屏、炫富的微商已经很难找到客户，大部分客户在互联网都可以很轻松地找到微商刷屏、炫富造假的证据和方法。现在的大环境要求微商能够有专业化的知识进行销售，能够快速地针对不同客户使用不同的营销策略。

2. 平台化趋势

单一微商产品的生命周期在不断更新的购物环境下越来越短。微商品牌要将自身品牌打造成平台，吸引更多同类型产品入驻，这样一来，才能解决微商产品的风险问题，不会因为一个微商产品的失败，而导致整个品牌退出市场。

3. 人性化趋势

在互联网时代，任何事物都向着人性化、智能化发展。品牌营销需要深刻洞悉人性，尽可能把分享过程简单化，通过利益激励代理商和用户的加入和转发，迅速做出影响力和品牌印象。

4. 个性化趋势

微商品牌需要人格化，而微商本身，也需要个性化趋势。微商需要通过各大社交平台和资讯平台，包括微信、QQ、今日头条等，打造出统一并富有人格魅力的形象。这样一来，用户才会选择该微商，购买该品牌。

5. 亚文化趋势

微商可以根据自己的品牌特性到一定的社群中进行营销，尽可能贴近该社群的亚文化。形成亚文化内核的微商产品，等同于有了垂直的大量客户，这样的客户不仅忠诚度高，而且购买力较强。

2.5.2 3大注意，建设微商品牌个性标签

品牌往往有独特的商标，而微商品牌也可以在原有的商标上再加上自己的个性标签，以区分同类品牌和产品。下面，笔者将说明加上个性标签中的三大注意事项。

1. 必须查询已有商标

根据有关法律法规，商标使用需要到商标局备案，主要是为了管理商标

使用情况，规范商标使用市场。所以，微商品牌在创建个性标签时，可以到商标局官网进行查重，尽量不要使用和已经注册的商标十分类似的图案。

2. 保证个性标签的质量

个性标签虽然不像正式商品，但基本的清晰度和设计美感还是需要得到重视。微商在品牌营销时，所有的要素将共同形成消费者对于微商和微商品牌的印象。细节，往往从侧面反映了品质。所以，个性标签做成高清图反映出微商的专业性。

3. 尽量表明特性

微商在创建个性标签时，可以将行业特性、产品特性和微商个人的元素加入标签当中，加深客户对于微商品牌的印象。

2.5.3　4个方法，抓住机会传播自己的品牌

品牌模式，最重要的是成功树立微商品牌并营销出去。只有得到了广泛的宣传和认知，才叫作品牌。

1. 利用利益引导传播

微商如果要快速传播品牌，可以用利益引导有一定资源的用户进行主动传播。这样的传播有保证，而且效果较好。

2. 以人为中心宣传品牌

一味宣传品牌往往给用户冰冷的感觉，如果能改变策略，宣传代言品牌的人或者使用品牌的人，会好很多。用户对于具体的人，更容易产生亲近感。这样用户对于品牌的记忆也会更加深刻。

3. 产品卖点要贴合品牌要点

在获取了一定流量之后，微商要考虑的是如何将获得的流量转化为实际收益。如果品牌要点和产品卖点不同，被该品牌宣传吸引过来的用户则会产生被欺骗的感觉，不利于后期的用户转化。

4. 使用场景决定了品牌价值

一件事物的价值，更多的决定于它的使用场景。普通的一瓶水和沙漠里的一瓶水，肯定是两个价位。微商要强调自身品牌的稀缺性，加入情怀、故事等元素，最大程度上为品牌添加附加价值。

第3章

能力和团队：19大技巧，打造高端IP不可少

学前提示

团队微商是微商细分领域的一个大类，具体是指个人微商经过一段时间的积累，慢慢有了自己的产品代理，团队逐渐从个人壮大到几个人、十几个人或者几十个人。本章主要介绍提高自身能力、扩大微商团队，助你打造高端IP。

要点展示

 7项注意，帮助成为微商行业佼佼者

 12大技巧，团队作战批量产生价值

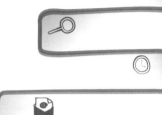

3.1 7项注意，帮助成为微商行业佼佼者

俗话说，有了金刚钻才敢揽瓷器活。这里的"金刚钻"指微商的能力和素质，而瓷器活是指卖微商产品。本节主要向读者介绍打造优质微商的7项注意事项，帮助大家迅速成为微商行业的佼佼者。

3.1.1 先了解顾客，再推销产品

我们遇到任何顾客，都要先了解你的顾客是哪种类型的人，他们的需求和痛点是什么，购买我们的产品主要是解决什么样的问题，用在哪些方面，给什么人购买。只有了解了这些问题，你才能根据顾客的实际需求，推荐最适合他的产品。这样的微商才是真正为顾客着想的，顾客也能感觉到你的真诚。就算这一次顾客没有购买你的产品，你也要以友好的态度来面对顾客，真诚为顾客服务，说不定下次这位顾客就会主动上门找你购买产品。

如果顾客一上来，你都不了解你的顾客，就直接推销对自己来说利润最大的产品，这时大部分的顾客是不会买账的，微商们需要注意这一点。

3.1.2 先贴心服务，再让其宣传

我们卖的不仅是产品、是货物，我们还要有非常贴心的产品售后服务。这样才能让顾客二次购买，打造出优质的口碑形象。

例如，我们卖给某位顾客一盒护肤品，过段时间一定要问一下这位顾客的使用情况，肤质有没有改善、皮肤舒适度怎么样、有没有不良反应等。像关心朋友一样去真正关心你的顾客，多花些时间与顾客互动感情。服务，可以让微商与顾客的关系更加紧密，使顾客二次购买我们的产品，并主动宣传我们的产品。

3.1.3 努力拼搏，终得丰厚回报

微商要具备勤奋、废寝忘食的拼搏精神，认认真真、不怕吃苦、踏实做好每一份微商事业，才能得到丰厚的回报。

比如，每天晚上8点到10点之间，是淘宝等平台的黄金销售时间。因为这段时间是大家休闲、放松、刷手机的时间段，这个时候咨询微商产品的顾客也比较多，是微商最忙的时候。别人在看电视、刷新闻、购物，而微商们在陪顾客聊天、推广告、策划活动等，有些微商这个时间还在各自的品牌团

队中学习如何提升营销技巧、沟通技巧、服务技巧等。要知道,只有努力拼搏、不断学习,才有丰厚的回报等着你。

3.1.4 积累知识,才能持续创作

作为一个微商,需要有非常丰富的知识和高强度的脑力输出。知识是微商创作的核心力量,也是一切文化事业的动力源泉。如果缺少知识的储备,微商的内容创作将缺少动力基础,即使勉强创作出来,也很难做到有说服力和吸引力。下面以图解的形式向读者介绍知识在微商内容创作中的重要性,具体如图3-1所示。

图3-1 知识在微商内容创作中的重要性

微商的内容创作是一项高强度的脑力输出,并且是硬性的定期、持续输出。这经常困扰着微商创作者,感觉自己二三十年的学习积累和人生感悟,十几篇软文就被掏空了,然后就失去了后续创作的灵感和动力。微商们需要注意,软文如果广告性太强,容易被人屏蔽信息。所以软文都需要带有感情,让人有想看的冲动和欲望,这样的微商才是成功的微商。

套用OPPO手机的一句广告语,做微商内容创作者在知识学习和知识输出上就要追求"充电五分钟,通话两小时"的能力,做到看别人一篇文章自己能想出4篇文章的写法。但是达到这种能力需要长时间的修炼和积累,对于一般的微商创作者来说,还是处于"学习两小时,写作五分钟"能力水平,所以更需要坚持学习不断提升。

微商们需要多学习和多阅读技术技巧性知识、社会知识、文化知识,慢慢积累文化底蕴和知识能量,厚积薄发。

3.1.5 能力锻炼,才会精通赚钱

做微商是为了什么?肯定是为了卖产品、卖货、发展代理商,所以微商需要锻炼自己的营销和赚钱的能力,这种能力称为商业能力。有些微商并不是天生的好口才,那么我们可以阅读这方面的营销书籍,学习如何提升微商的营销技巧。

3.1.6 提升定力,解决各种刁难

做生意、做业务的人,都需要有强大的心理承受能力。特别是从事微商行业的人,因为他们在网上会碰到各种各样的顾客,买了产品之后各种刁难,有的要求退货;有的使用后不喜欢;有的希望商家返现金,否则就给差评。这些压力一部分来自顾客,另一部分来自同行的打压。

因此,需要微商们一一攻克,这是需要具有强大的心理承受能力和沟通技巧的。如果微商的定力不够,可能就会慢慢放弃。

3.1.7 细分领域,成功精通成专家

其实,每一个微商都可以成为自己细分领域的专家——对某一事物精通,或者说有自己独到的见解,能给别人中肯的建议,帮助他们创造财富,成为别人的人生导师。当然,这些都需要时间、经验的积累,也需要自己有一定的学识基础,再通过后天的勤奋与努力,就能成为某一个领域的行家或专家。

图3-2所示为摄影构图细分领域的一位专家——构图君的相关页面,现

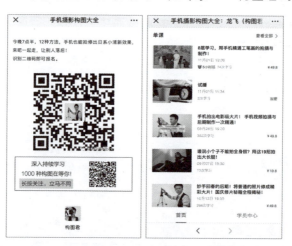

图3-2 摄影构图细分领域的一位专家——构图君的相关页面

现在已成为一名出色的摄影图书作家,在腾讯、千聊、网易等平台上开过多次摄影微课,粉丝数量已上百万,是"手机摄影构图大全"微信公众号的创始人。

3.2 12大技巧,团队作战批量产生价值

建立微商团队后,相较于个人微商,已经有了自己的产品市场、客户资源、经营理念和模式。后期经营也主要以培养、维护代理以及为客户提供更好的服务为主。

3.2.1 经营自己,支撑起微商团队的核心要素

现在的朋友圈随处可见微商,当个体微商逐渐将身边的熟人业务做完后,如果产品质量并不是特别突出、性价比不高的话,很难再拓展新人脉、新业务。此时的微商做到一定阶段后,就会出现各种各样的问题,阻碍了微商的发展。

下面以图解的形式介绍几种个体微商发展过程中遇到的瓶颈问题,如图3-3所示。

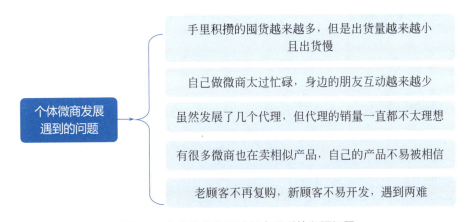

图3-3 个体微商发展过程中遇到的瓶颈问题

当个体微商遇到以上瓶颈问题时,需要静下心来想办法——如何突破现在的状态。微商的本质,是个人的影响力。当影响力足够大时,就能突破个体微商的销售瓶颈,微商的粉丝数量与质量对于销售规模起着决定性作用。

商家只负责包装产品,而微商要学会包装自己,把自己包装成意见领

袖、包装成微商大咖、包装成网红自明星。这样你的粉丝数量逐渐增多了，下面的代理商也会慢慢增多。只有建立好自己的微商团队，通过团队来抱团营销，才是上上之策。

3.2.2 4大标准，寻找志同道合的人创业更容易

微商在建立团队的过程中，对于创业对象的选择要有一定的标准和要求，寻找志同道合的人一起创业，才更容易成功。下面以图解的形式介绍微商选人、用人的4个标准，如图3-4所示。

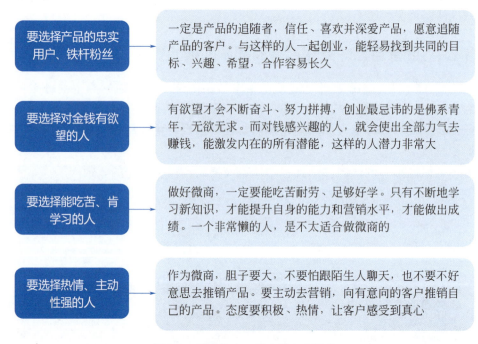

图3-4 微商选人、用人的4个标准

3.2.3 招收代理商，方法、渠道和图片很重要

不管你是提供货源的厂商还是某产品的高级代理商，在招收代理之前都需要吸引客户来购买产品，至少是让客户觉得这个产品很不错，有想法去做代理。

产品销售的前提是自己必须了解产品。假如你是这个产品的总代理，你要想吸引客户的注意，你除了介绍产品外，还要向客户展示你也在使用产品，如图3-5所示。这样看起来更有说服力，且有客户来问问题，你自己用

过也就可以对答如流了。

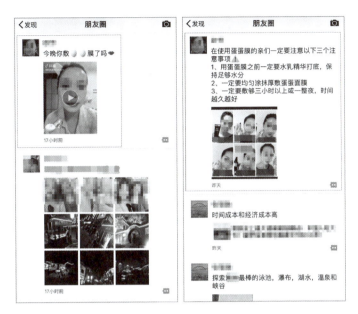

图3-5 向客户展示你也在使用产品

微商需要根据自己的实际情况，把能够利用的平台都利用起来，如图3-6所示。曝光率越高、展示的平台越多，对营销越有好处。

图3-6 能够利用的平台

现在很多微商都没有自己拍摄实拍图，很多代理的图片都是总代或者上级提供的，不仅清晰度不够好，也显得不真实。

实拍图的感觉更好，更真实，也更容易让客户对微商产生信任。图3-7所示为微商实拍的高清产品图片。

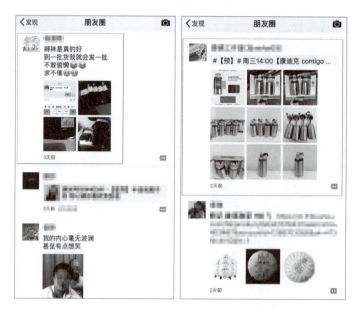

图3-7　微商实拍的高清产品图片

3.2.4　4大方面，建立优质的吸引优秀微商的政策

微商建立分销团队时，要建立优质的招商政策，也就是给代理商的福利要好。这样才能吸引到优秀的微商加入你的团队，成为你的代理商，帮你一起销售产品，实现共赢。

下面以图解的形式介绍招商政策涉及的相关方面，如图3-8所示。

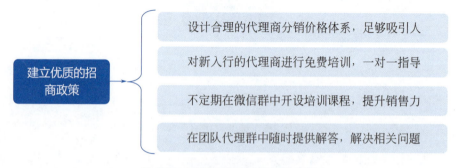

图3-8　招商政策涉及的相关方面

3.2.5 众多分销价格体系,层层设计一定要合理

微商团队领袖应该设计合理的分销价格体系,包括一级代理商、二级代理商、三级代理商的首批货款、保证金、折扣等价格体系,层层设计要合理。

图3-9所示为某微商品牌的分销价格体系。

图3-9 某微商品牌的分销价格体系

3.2.6 3级分销系统,确定基本要求和考核方案

一级、二级、三级分销体系是指一级代理商、二级代理商、三级代理商的具体层级划分,以及分级的设计。针对每一级代理商要有具体的要求和绩效考核方案,设定好年销售任务量等。图3-10所示为某微商品牌设计的一级、二级、三级分销系统。

图3-10 某微商品牌设计的一级、二级、三级分销系统

3.2.7　新成员加入法1：利益吸引，摆出所得优势

有些人在工作中遇到不顺的事情就喜欢抱怨。当人抱怨的时候，情绪处于不稳定、不理智的状态，这时候的个人决定往往最容易受到外界的影响。

例如，有一位想做微商代理的白领，迟迟没有决定是否加入你的微商团队，原因是目前她有一份稳定的工作，只是平常工作太辛苦，而且领导脾气不好，经常动不动就骂人。这次，她又跟你抱怨了，说领导给她安排了很多的工作，正常工作时间根本无法完成，导致她每天晚上加班很晚才能回家。

这个时候，你要用微商的利益去吸引她，告诉她以她目前的付出与收入是完全不成正比的，领导这样压榨她的工作时间太辛苦了。这样辛苦努力的付出，如果是在微商行业的话，至少都月入上万了。而且从事微商工作的时间非常自由，又不用受领导的气，每天早上还不用准点打卡、考勤。微商是自己给自己创业，自己做老板。

这个时候，如果对方有辞职的冲动和想法，那你的交谈就成功一半了。但对方可能会说，自己又不熟悉微商行业，怎么通过微商赚钱呢？这个时候，你就说你们对刚入行的微商会有定期的培训，会教很多的营销技巧，会告诉她如何更好地营销产品、与客户交流。你们是团队销售，身后有一支庞大的队伍共同进步。

接下来，你将她目前工作中不好的地方全部指出来说，比如工资低、涨薪慢、经常加班、上升空间有限、福利又不好还要受领导的气。再拿微商的优势来说，比如做微商工作时间自由、可以随时在家照顾孩子、工作日也能逛街买买买，只要努力收入上不封顶，还能随时和家人出去旅游等。

用这样的利益和所得来吸引她，使她加入你的微商团队。图3-11所示为某微商与意向代理的聊天记录，吸引她加入自己的微商团队。

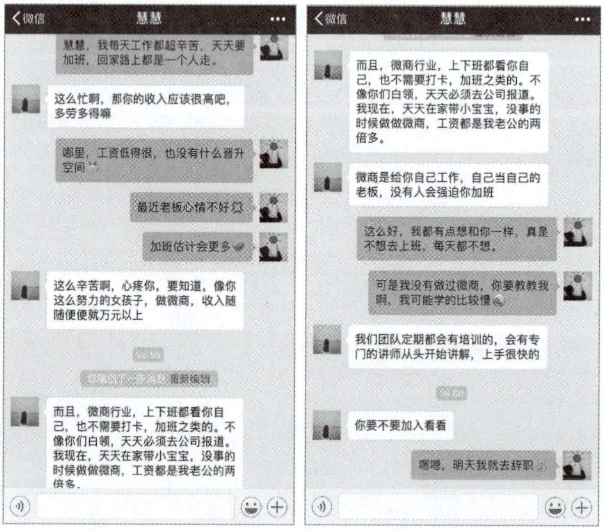

图3-11　某微商与意向代理的聊天记录

3.2.8 新成员加入法2：梦想吸引，加入创业团队

成功人士演讲的时候，一般喜欢谈梦想，用梦想来吸引大家加入自己的团队。马云每次上台演讲的时候，谈的最多的也是梦想。每次演讲完后，总会吸引很大一部分人加入他的阿里团队。

例如，在吸引新成员加入你的微商团队时，你可以挖掘对方的需求，他有什么样的梦想，用梦想来刺激他的行为。以梦想为设问的聊天逻辑如图3-12所示。

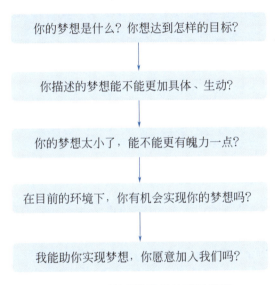

图3-12　以梦想为设问的聊天逻辑

如图3-12所示的聊天逻辑，以下展示相关聊天案例。

你问对方："你的梦想是什么？"

对方回答："我想买一辆车。"

你继续问："你想买一辆什么类型的车？价位在多少的？什么品牌的？能不能再具体、清晰一点？"

对方回答："我想买一辆越野的宝马，价位在100万左右，我想开车带上爱人实现自助游。"

你继续问："你的梦想能不能再放大一点，梦想还是要有的，万一实现了呢？"

对方回答："那我还想买一套房子，装修成自己喜欢的模样。"

你继续问："那以你目前的收入和劳动所得，能实现你的梦想吗？"

对方经过仔细一算，回答："实现很难。"

你继续说："跟着我一起干、一起创业，我能帮你实现你的梦想，你愿意吗？"

此时，你可以以团队其他成员为例，他们跟着你干，都已经买房买车了，用成品案例来吸引对方加入你的团队。如果你也是刚刚起步的微商创业者，那么可以以品牌的创始人为案例，讲讲他是如何成功的，只要故事是真实的，就一定能吸引人。

3.2.9 新成员加入法3：前程吸引，描绘美好未来

谁都想当老板，谁都想拥有一个美好的未来，谁都想有一份不错的事业。那么，以你目前的工作状态，可以实现你的远大前程吗？

此时，你可以按以下逻辑和思维，和他谈谈未来和前程。

如果对方是公务员，虽然工作稳定，但是上升空间很小，涨薪幅度小。

如果对方是企业白领，如果自身能力不是特别优秀，现在能干的人那么多，他如何能够脱颖而出成为领导？

如果对方开了一家小店，如何能顺利开展自己的副业，1天时间赚双份的薪金？

如果对方是刚毕业的学生，如何能快速地自食其力不用再依靠父母的补给生活？

如果对方是带孩子的宝妈，如何通过自己的努力，成就一番事业，让老公对自己刮目相看？

告诉他们，做微商就可以实现你的远大前程！微商等于自己创业，自己当老板，只要自己足够努力，收入上不封顶，做得好的微商比比皆是。

3.2.10 新成员加入法4：对比吸引，详解微商优势

发展传统实体店的老板做微商代理是最佳的选择。为什么这么说呢？因为传统实体店的老板是自己创业的，他们懂营销、懂产品、懂客户、懂交际，比重新教一个新手要容易得多，所以他们这一群人是最好的合作伙伴。只是，他们生活在传统实体店，而微商生活在互联网，现在是一个互联网时代，很多传统实体店都已经萧条。

你可以将现在经营传统实体店的劣势，一一列举出来，如图3-13所示。

然后，再将从事微商的优势，一一列举出来，形成对比，如图3-14所示。

图3-13 经营传统实体店的劣势

图3-14 从事微商的优势

将好的和坏的形成明显对比,在对方心里就会留下深刻的印象,去计算得与失,动摇传统实体店老板的创业之心,这样就能吸引他们加入你的微商团队。

3.2.11 新成员加入法5:落差吸引,谈可能上升空间

对于打工一族来说,可以用上升空间法去谈。现在上班族都比较重视上

升空间,重视自己的未来发展,用他(她)目前的岗位、薪酬、职级、上升空间与微商事业做对比,在对方心里形成落差感,再告诉他做微商未来的发展如何好,团队成员是如何做成功的,以真实案例去说服对方,再配合利益吸引法、创业梦想法、事业对比法一起谈,效果更好。

3.2.12　新成员加入法6:爱的吸引,为你的家庭负责

作为家庭的一员,谁都希望让自己的家人过上幸福的生活,让自己的小孩享受高等的学府教育,可是这些都需要一定的经济基础作支撑。而爱是这个世界上最伟大的力量,俗话说"女子本弱,为母则强"。作为一个母亲,希望给孩子最好的生活环境;作为一个男人,希望给自己的妻子最好的生活质量和最大的爱。那么,我们的微商可以用"爱"去激励对方加入我们的团队,实现对方想要的一切。

第4章

创业技巧：16大招，实现成交和二次营销前提

学前提示

对微商来说，品牌IP、用户黏性、付款体验和售后服务是至关重要的。而且维护一个老客户的成本比开发一个新客户要更低。

本章将详细讲解各种技巧，助力微商快速成交，并打好二次营销的基础。

要点展示

- 4种方法，成就微商高端品牌
- 4个方法，提升微商用户黏性
- 3大技巧，让付款体验更优质
- 5种策略，做好优质售后服务

4.1　4种方法，成就微商高端品牌

如何塑造出高端的个人微商IP品牌，是我们微商一直想达到的目标。因为打造出了个人IP品牌，能够吸引大量的粉丝，激发顾客的购买力，能够在公众心目中建立一种权威形象，并且形成影响，吸引广告合作和商业融资，进行商业化扩大和升级。本节主要介绍通过4种方法塑造高端个人微商IP品牌的方法。

4.1.1　安全健康，确保高质量要求实现

近年来，安全健康方面的信息广受消费者关注。随着人们消费水平的不断提高，对产品质量要求也越来越高，如产品是否是真货、对身体有没有副作用等。

关于安全健康的词汇频繁出现在人们眼前，如"无矾油条""一次性汤锅的火锅""绿色无污染的蔬菜""无添加剂零食"等。这就意味着微商们要从观念和行动上对产品做出高质量的要求，给予顾客安全保障。

图4-1所示为朋友圈中微商发出的产品推广信息，注重产品质量，保证正品。

图4-1　朋友圈中微商发出的注重产品质量的推广信息

4.1.2 消费群体,广覆盖才能保证销量

微商面对的大多是终端用户,直接面对消费者本人,因此出售的产品所覆盖的消费群体范围一定要广,覆盖人群越广,产品的使用量就越大,销量就越高。在刚刚出现微商这一职业的时候,为什么朋友圈卖面膜的微商那么多,十个微商有八个都在卖面膜,而且价格还那么贵,均为198元一套,这就是因为面膜覆盖的消费群体很大,几乎覆盖了所有女性和部分男性群体,市场很强大。到2018年的时候,虽然卖面膜的微商减少了很多,但面膜的销量依然很大。

4.1.3 卖点独特,产品才能让人尖叫

产品的卖点要独特是指产品拥有让人尖叫的优势,意思就是能够为消费者提供良好的消费体验,有产品独特的个性。这种体验,就是消费者在使用产品的过程中对产品和其相关服务产生的一种认知和感受。这种体验的好坏直接影响了消费者是否会对产品产生好感,从而进行二次购买。

很多微商都无法提供让消费者满意的消费体验,原因就在于他们没有站在消费者的角度为其考虑。那么,爆品的成功打造为什么要展现优势,替消费者考虑呢?笔者将这个原因总结为三点,如图4-2所示。

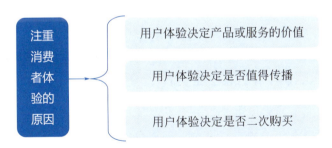

图4-2 注重消费者体验的原因

以茵曼品牌服饰店为例,它不仅全面体现出了自身优势,还全心全意为消费者考虑,做到了把消费者的体验放在第一位。比如,特别注重产品的细节方面带给消费者的体验。以店铺的一款女式大衣为例,在产品的各方面设计上,尤其专注于细节方面的打造:

- 经典的圆领设计,简单大方,时尚百搭;
- 绑带的镂空设计,注重时尚体验;
- 不规则的下摆设计,注重个性体验;

- 口袋设计独特，没有束缚感，时尚自由；
- 立体收腰的设计，贴合人体曲线，提升视觉效果；
- 采用双排扣设计，精致帅气，更显时尚美感。

图4-3所示为茵曼品牌服饰在微信中开设的微店店铺，粉丝过万，其火爆受欢迎程度可想而知。

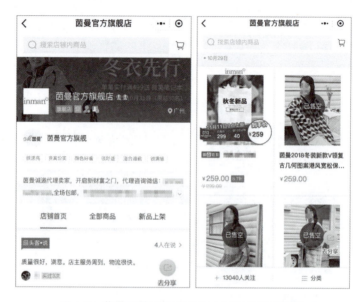

图4-3　茵曼品牌服饰在微信中开设的微店店铺

4.1.4　好的口碑，传播才能更广、更快

随着时代的不断发展进步，一个产品的口碑变得越来越重要，口碑营销也在市场中占据着举足轻重的地位。如何有效打造口碑，获得消费者的一致好评，已经成为每个微商需要重视的问题。

在以前，口碑传播的途径比较单一，主要依靠人们的口头传播。在移动互联网飞速发展的现在，口碑的传播方式发生了翻天覆地的变化，从口头传播到通过各种移动设备互相交流、传播，口碑的传播方式越来越丰富。

消费者可以利用移动端设备，随时登录微信、QQ、豆瓣、天涯、贴吧等社交软件，通过各种"空间"和"圈子"把自己对产品的使用感想发布出去，以供其他消费者借鉴和参考。这样一来，口碑传播的渠道就更加广泛，因为所有用来交流的平台都可以为口碑的传播出力。因此，口碑传播的速度不仅更快，影响的人群范围也更广。

所以，处在移动互联网这个特殊的时代下，产品的口碑已经变得愈发重要，消费者会根据口碑来对产品进行选择。

以知名火锅海底捞为例，该企业就是依靠高质量和无微不至的服务来获得消费者的一致好评，并因此声名远扬，拥有无坚不摧的口碑，已经成为业界的典范。"海底捞"从自身着手，所有流程的打造都是本着顾客第一的原则，尽最大的努力让顾客满意，这样客户才会自愿帮助企业宣传品牌、打造口碑。图4-4所示为口碑网的网友对海底捞的评价。

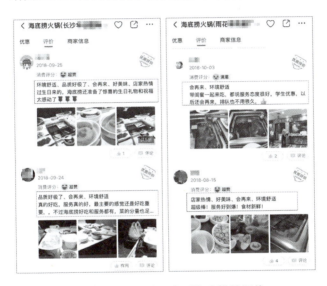

图4-4　口碑网的网友对海底捞的评价

专家提醒

海底捞的例子告诉每一个微商，要树立品牌，打造口碑，就得从顾客的角度出发，为顾客着想，一心一意为客户提供最优质的产品和服务。如果只是为了将产品销售出去，全然不顾客户的感受，那么微商多半是不会成功的。

4.2　4个方法，提升微商用户黏性

现阶段，随着消费能力的大幅提高和商品的极大丰富，可供开发的空白

市场越来越小。在这种情况下，提升已有的用户黏性比去开发一个新的客户要容易得多。

4.2.1 按照要求定制，产品才能更受用户期待

微商要想吸引住客户，可以通过给客户提供定制的产品来吸引住他们。微商在进行产品定制时需要做好产品定制流程规划，这样才能确保整个流程进行时不出错。

微商进行产品定制活动可以调动客户的参与性，让他们根据自己的需求来定制自己想要的产品，让他们更加期待产品的到来。

在此，笔者将以服装微商为例，介绍一下服装定制的流程。其定制具体流程如图4-5所示。

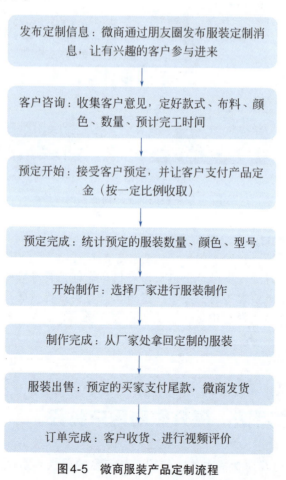

图4-5 微商服装产品定制流程

定制产品是微商吸引客户的一个绝佳办法。同时微商在定制产品时还可以给每件产品制定一个序号或者标签,这样更加能确保每个客户的产品都是独一无二的。

4.2.2 进行产品促销,短时间内快速实现交易

微商想要吸引客户,达成交易,可以进行产品促销。促销能在短时间内快速实现与客户的交易。

1. 促销原则

微商在进行产品促销前,需要清楚促销的原则,这样才能将促销活动开展得更好。促销的原则有以下四条。

(1)说明促销原因。微商要想好进行促销的原因是什么,有促销原因才能提起客户参与的兴趣。

(2)公示促销规则。详细告诉客户促销的规则,让客户了解促销的内容。

(3)确定促销时间。微商要确定好促销开始、结束的时间,准时开始、准时结束。这样才能让客户相信这次促销是真正有实惠,而不只是一个吸引客户的借口。

(4)筛选参与资格。确定好活动参与人员需要具备的资格,不能使每个人都能参与,不然就会使促销显得没有吸引力。

2. 促销类型

当微商清楚了促销的原则之后,就需要选择好促销的产品。促销产品可以选择以下三个类型,具体如图4-6所示。

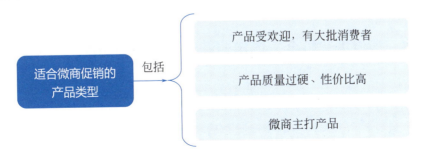

图4-6 适合微商促销的产品类型

3.促销方法

如果微商想要快速有效地达成与客户的交易活动,那么微商可以选择以下几种方法进行促销。

（1）阶梯法。阶梯法促销是指微商将商品价格按照促销时间的变化而提升。例如,促销的第一天按商品原价的6折出售,原价100元的产品第一天卖60元、第二天70元、第三天80元、第四天90元、第五天恢复原价100元。

（2）积分法。积分法促销是目前较为流行的维持客户的方式,利用购物赠送积分的方式,可以吸引不少回头客。

（3）一元法。一元法促销就是在活动期间微商给顾客提供一款平时几十元上百元的指定产品以一元的价格买到。这种方法看着会亏,实则可以带动店内其他产品的销量,进而实现微商促销的盈利。

专家提醒

这些产品促销方法可以让客户在短时间内感受到促销活动的优惠,从而抓住时机购买。微商要注意的是一定要在活动结束后准时将产品价格恢复原价,这样才会让顾客感受到促销的真实性。

4.2.3 推出产品团购,吸引大批同类型顾客参与

微商在吸引顾客时还可以选择团购的方法,团购可以吸引大批同类型顾客。微商进行团购就是让具有相同产品购物需求的人联合起来,让他们以最优的价格获得需要产品的购物方式。微商可以给出低于零售价格的团购折扣,通过这种方法微商也能轻松地促成与客户的交易。

4.2.4 提供抽奖机会,借用消费者侥幸获利心理

微商想让客户产生购买商品的欲望,还可以通过抽奖的形式来达到目的。微商借用客户的侥幸获利心理,给客户提供一个抽奖获利的机会,来吸引客户购买商品。客户在购买产品之后,凭借购物支付凭证可以参加抽奖活动,利用抽奖方法可以让微商缔结忠诚客户。

4.3 3大技巧，让付款体验更优质

客户完成支付之后，微商所有阶段的付出才是有收获的。要想让客户能放心地掏钱包，微商需要为客户提供一个优质的支付条件。为客户提供优质付款体验需要具备三个方面的要求，接下来笔者会进行详细讲解。

4.3.1 环境可靠，打消客户付款顾虑

要想让客户能够愉快地付款，微商给客户提供一个安全可靠的付款环境是很有必要的。微商给客户提供可靠的付款环境可以打消客户的顾虑，客户的顾虑主要表现在两方面：一是担心付款过程不安全，二是担心付款后微商不会发货。

微商要解决客户担心付款过程不安全的顾虑，可以选择让客户通过第三方平台去支付，提高客户的支付环境的安全。

微商要解决客户付款后微商不发货的顾虑，可以选择有担保的交易平台进行付款，打消客户的顾虑。例如，微商可以开一个微店，让客户去微店交易。

4.3.2 方式多样，任客户自由选择

随着时代的发展，微商行业付款的方式也越来越多。微商可以给客户提供的支付方法主要有以下几种。

1.微信

微商客户可以选择微信支付。微信支付是微信与第三方支付平台财付通联合推出的付款方式，目的是为广大用户提供优质的付款体验。

2.支付宝

客户还可以选择支付宝付款。支付宝付款已然成为当今时代流行的付款方式之一。现下大部分支付活动都能够使用支付宝快捷支付。

3.银行卡

当客户在购买完商品后，也可以选择通过银行卡转账付款。银行卡付款可以给微商与客户之间营造一种互相信任的氛围，从而增进两者之间的了解。

4.面对面

如果是同城交易,微商还可以给客户提供面对面付款的方式。当微商在把产品派送给客户的时候,客户可以通过面对面付款将货款付给微商。

4.3.3 过程便捷,避免客户放弃付款

微商在为客户提供优质的支付体验的时候,还应该考虑到付款过程的便捷。便捷的付款过程是指客户能够以一种最简单的方式将货款付给微商,在付款期间不需要耗费过多时间。

因为付款所耗费的时间过长会让客户感觉到担忧、着急,进而客户会为了避免麻烦而产生放弃付款的念头。因此,便捷的付款过程也是微商让客户拥有优质支付体验所需要考虑到的因素之一。

4.4 5种策略,做好优质售后服务

在微商行业以及整个销售行业中,顾客购买商品付款后并不意味着交易的结束,一场完整的交易活动还包含一系列的售后工作。售后服务是物品交易过程中重要的一环,优质的售后会让客户对整个交易过程更满意,同时也会成为你的长期客户。

在微商行业中,做好售后服务是需要引起微商高度重视的。就目前来看微商行业的售后不太规范,有很多微商在整个交易过程中并没有做售后服务这一环节,这是很不正确的做法。因为你要知道,微商行业是一个靠口碑和信任才能长期经营下去的行业。优质售后服务对微商来说十分重要。

4.4.1 做好客户分类,重点对待优质客户

微商在做售后服务的时候,不仅要做到对每一个客户的售后工作,更要学会抓住主要的服务对象。针对那些质量高的客户要特别对待,因为这些客户可能会给你的微商营销带来更多的有益帮助。

因此,需要你学会根据前期跟客户的交流沟通将客户进行等级分类,做好等级分类微商要记住以下几点。

1.管理资料

管理客户资料的时候,除了客户的性别、收货地址、电话号码等基本信

息外，还应该记录客户的性格、喜好等。这样一来，客户在下次购买产品时，你可以更容易找到符合客户喜好的产品，也能更好地回答客户的问题，提高订单的成交率。

2.进行分类

微商应该按自己微店的情况，对所有客户进行分类。比如可以用QQ将同类客户进行分组，或者用微信将同类客户在备注时加上同样的前缀描述，如图4-7所示。

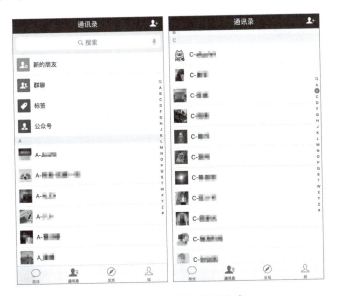

图4-7　微信备注加前缀分类

3.找出优质客户

在分类的基础上，每当有促销打折或者新品上架时，都可以利用分类来挖掘优质客户。但是需要强调的是，无论什么样的优惠信息，发的次数都应该适当，不是所有客户都喜欢这样的方式。给客户发送优惠信息的时候，一定要简洁明了，突出重点，要让客户知道优惠点在哪。

4.4.2　2种结果，不要轻视任何一个客户

微商在做好售后服务的时候需要注意的一点是，不要轻视任何一个客户。之前说过要对客户进行分类，然后再重点对待优质客户，但是请注意是特别重视优质客户，并不代表微商可以轻视那些在你的客户等级排名靠后的

客户。因为，有时候看起来不太重要的客户，可能会给你带来意想不到的结果。在这方面会有以下两种结果存在。

一种是正面结果，这个客户经过购买产品使用后会成为你长期的忠实客户，并为你的产品进行大肆传播，给你带来更大的口碑效益和利润收益。

另一种是负面结果，就是当客户购买后觉得产品不适用，跟你反映反馈时你没有重视。这会有两种情况发生，一种是顾客不放在心上，但是不会再进行二次购买；另一种情况是，不进行二次购买的同时跟身边的人大肆宣传你所经营的产品质量差、没效果。你要知道有句话叫作"好事不出门，坏事传千里"，如果客户使用你的产品后不满，反馈时又受到了轻视，那么他可能会将这次不愉快的购物经历跟身边的朋友大肆宣传，这样一来你不仅失去一个现有客户，还会失去一大批潜在客户，甚至对你经营产品的口碑产生负面影响。

4.4.3　2大收获，认真对待每个客户的反馈

当微商在接收到客户对产品的反馈时，你应该觉得很庆幸，因为这是一种收获而不是损失。认真对待每一个客户的反馈，会有以下两方面的收获。

一方面，客户的反馈会给你一次挽留客户的机会。客户跟你反馈产品使用情况，那说明他在一定程度上还是认可产品的，就算他跟你说的是产品使用效果不好，那你还可以有机会对客户提出解决方案，挽留客户。但是如果一个客户对你的产品不满意但是又不跟你反馈时，那么你就是真正失去这个客户了。

另一方面，认真对待每一个客户的反馈，将每个客户所反馈的情况收集起来，分析找出相关问题所在，针对问题进行改进，从而提升产品质量与服务，吸引更多客户。

4.4.4　5大技巧，处理投诉将损失降到最低

客户投诉是让微商很头疼的事情，可能很多时候解决下来自己劳心劳力，还不一定能获得客户的认可。和实体店相比，微商在解决客户投诉时要求同存异，把投诉所造成的损失降到最低，而处理投诉的技巧主要包括以下几个方面。

1. 耐心聆听

面对客户投诉时要耐心听客户说问题所在，并热情接待客户，具体做法

应该是：第一步及时回应客户的投诉；第二步以更热情的态度对待客户；第三步认真倾听客户的投诉，分析问题所在；第四步针对客户投诉情况，帮助客户解决问题。

2. 回复致歉

客户认为产品有问题时，微商要及时回复客户的问题并且表达自己的歉意，为客户想出解决措施，具体的做法应该是：第一步接受客户的反馈，并表达歉意；第二步记下客户的问题；第三步查询问题发生的原因；第四步帮助客户解决问题，并给予客户一定补偿。

3. 补救措施

对待客户的不满，要做到以下几点，如图4-8所示。

图4-8 对待客户不满的补救措施

4. 解决流程

当发现产品出现问题后，客户首先担心能不能得到解决，其次担心需要多长时间才能解决，所以应该告诉客户你的解决流程，如图4-9所示。

图4-9 产品出现问题的解决流程

5. 换位思考

客户在投诉时会出现烦恼、失望、发怒等情绪，这时需要站在客户的角度想问题，如果是自己遇到这个问题会怎么做，怎么解决，这样也会让客户增强对你的信任感，得到客户的理解。

4.4.5　4大内容，灵活处理微店的用户中差评

其实，应对中差评是有技巧的。这方面微店与淘宝网店的立场是一致的，许多淘宝微商处理中差评的技巧，也可以应用到微店中去。

1. 时效性

时效性是什么意思呢？就是说微商应该在最短的时间内获取最新产生的中差评并第一时间联系客户。产生中差评后，微商要在最短的时间内与客户进行联系沟通——这段时间是解决问题效率最高的时候。

2. 沟通时间

在与客户沟通之前，需要考虑到沟通时间的选择问题。根据客户的基本信息，大概推测一下客户的作息时间，选择合适的时间能减少客户接到电话时的抗拒心理。

3. 沟通时机

最好选择客户有闲暇时间来修改评论的时机，不然就算客户答应了修改，过后也很容易忘记。

4. 沟通判断

为提高处理效率，售后客服需要在和客户沟通过程中迅速判断客户修改评论的概率，还要留更多的时间处理其他中差评。

第 5 章

软文入门：13大方面，认清打造爆款的载体

学前提示

软文，顾名思义，相较于硬性广告而言，其精妙之处就在于一个"软"字。

软文呈现的内容和方式就是整个产品的形象与气质。认清打造爆款的软文这一载体，是营销者必须要学习和掌握的内容。

要点展示

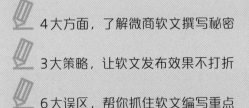
4大方面，了解微商软文撰写秘密

3大策略，让软文发布效果不打折

6大误区，帮你抓住软文编写重点

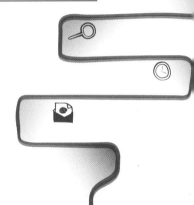

5.1 4大方面，了解微商软文撰写秘密

央视在2017年的报道中提到，在2016年全年就已经达到3600多亿元，微商的从业人数达到1500多万人。据《2017中国微商行业发展报告》统计，2017年微商市场规模达到6835.8亿元，微商从业人员突破2000万人。按照这样迅猛的增长速度，预计到2019年微商规模将达1万亿元。

这么庞大的微商圈，人人都想去分一杯羹。但如果不得要领，到头来只会费力不讨好。微商的顾客是微信好友，而如何撰写出让你的朋友感兴趣、让你的潜在顾客心动的软文，就是我们本节要学习的内容。

5.1.1 5大特点，助力优秀营销案例诞生

软文营销算是在网络营销中不可或缺的一种营销方式。所以许多行业都不会放过软文营销，微商行业也渐渐加入软文营销阵列中，从而使得很多优秀的微商软文营销案例诞生。本节为大家讲解微商软文的5大特点。

1. 便捷沟通

微商能够通过QQ、微博和微信等软件与用户实现远距离且无障碍的沟通，发布的软文信息也能够及时传递给用户。因此，与传统行业相比，微商能够实现更加便捷的沟通。具体而言，其沟通的便捷性主要表现在两方面，如图5-1所示。

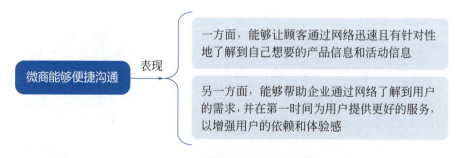

图5-1 微商能够便捷沟通的主要表现

2. 用户广泛

微信、微博和QQ等通讯软件如今已有上亿用户群体，已经成为人们联系与交友不可缺少的工具。基于这样的特点，微信、微博和QQ等通讯软件为微商带来了更为有利的营销环境。商家在这些平台上进行相应的软文营

第5章
软文入门：13大方面，认清打造爆款的载体

销，只要软文内容符合用户的口味，那么感兴趣的用户自然会自动查看。

3.病毒式传播

病毒式营销法就是微商将一篇比较好的软文上传到QQ群、QQ空间、微信朋友圈或者微博上，让别人看到软文内容，就对商家的产品产生兴趣的一种营销方式。微商在进行软文营销的时候，如果软文内容非常好，就很有可能引起病毒式的传播和转载效果。

4.展示多元

微商在运用软文进行产品营销时，可以通过活泼的网络语言来吸引用户的注意力。同时内容的形式也非常多元化，可以是文字形式，可以是图片形式，也可以是视频形式。

图5-2所示为微商在微信朋友圈发布的软文。其中运用了文字、图片或视频相结合的写作形式。

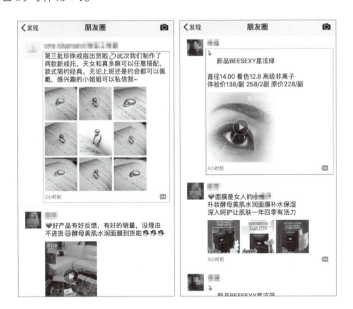

图5-2　通过文字、图片或者视频进行软文营销

案例通过文字、图片或者视频相结合的方法，对产品的外观和功能等进行描述，让客户更加容易了解产品的特点。文字视频结合进行软文营销，会让软文显得很灵活，不呆板，对产品特点的表现也更加直观。

从营销角度来说，商户们最好不要选择纯文字形式来发朋友圈广告。因为太过冗长的广告文字一般不被用户们所认同，大家都不会愿意在休息娱乐

时，看太长的广告文案。当然，也不能全是图片没有文字，因为营销中有些信息必须使用到文字来进行表达。

5.成本低廉

微商在微信、微博和QQ等软件上进行软文营销，基本不用什么成本——他们在空间、朋友圈发布信息完全是免费的。而他们的好友却能够随时看到他们发布的软文信息，可以说，这种营销方式是高效且划算的。

5.1.2 6大切入点，掌握软文表现技巧

在了解了微商软文的5个特点后，要写好微商营销软文，还需掌握软文正文的表现技巧，找到微商软文的6个切入点。

1.新闻报道

在撰写微商软文时，不妨换个身份，通过媒体记者的视角来撰写新闻报道，直接介绍企业实力、品牌形象等。微商通过将这些新闻报道发布到门户网站，再进行截图或分享链接到朋友圈，从而赋予软文一定的权威性。这样的软文具有真实、权威、不可辩驳的特点，能够有力提升企业品牌形象，赋予企业正面意义。但是新闻类软文发布渠道比较狭窄，必须要发布到门户网站上才有效益，成本较高。

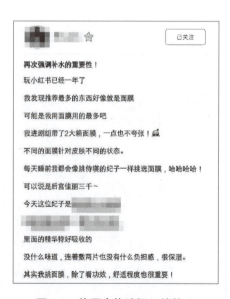

图5-3 从用户体验切入的软文

2.用户体验

微商将产品夸得再天花乱坠，往往比不上用户反馈所带来的效应。因此，微商在进行软文营销时，不妨尝试由用户体验切入。由用户体验切入的软文写法简单，微商在撰写这类软文时，可以完全把自己当成产品使用者，以消费者试用产品的口吻来撰写，这类软文容易获取读者的信任。下面就是一篇典型的从用户体验切入的软文，如图5-3所示。

案例以第一人称讲述对产品的感觉，讲"我"面对产品味道、感觉等特点时的感受，给用户一种"用在她的身

上效果这么好,用在我身上的效果也不会差吧"的感觉,让读者有感同身受的代入感。

这种形式的软文,以第三方或者普通用户的真实体验作为切入点,客观全面地介绍品牌或产品的优点与服务质量,在悄无声息中对消费者和潜在客户产生积极的心理暗示,宣传企业实例,打造企业正面形象。

3.讲述故事

相较于广告,软文营销能让读者在不知不觉间接受微商传递的产品信息。而故事营销是软文营销当中的常见种类,通过讲故事的方式娓娓道来,把要介绍的品牌、产品都藏在故事里,往往能够获得意想不到的效果。

以讲故事的形式来切入软文,写写品牌故事,将产品品牌的起源、创立过程等娓娓道来,就是一篇绝佳的故事软文。

下面是微信公众号"GQ实验室"的故事型软文,通过故事宣传其产品,从而达到产品营销的目的,如图5-4所示。

图5-4 故事型软文营销案例

把产品自然地融入故事里的软文写作模式,远比刻板的品牌宣传更能让人接受。故事的趣味性也能让阅读者更愿意耐心地读完整篇文章,让整个宣传营销过程效果更好。

4.访谈切入

微商在撰写软文时可以通过访谈的形式,通过采访行业大拿或者相关的专家等形式,来进行软文撰写的切入。这种一对一访谈的形式,可以深入全面地进行品牌信息的宣传。

值得注意的是,如果要采用访谈形式来进行软文撰写,切记:访谈对象需要有一定的知名度,或者在行业内站在一定的高度上,有一定的感染力与宣传力,否则,贸然使用访谈的形式撰写软文,采访的却是名不见经传的对象,这样的软文不但没有说服力,还会造成相反的效果,让人觉得微商为了炒作不择手段,很容易引起读者的反感。

5.网络事件

微商需要具有敏锐的洞察力,从而将网络热点事件作为切入点撰写软文,能够获得较好的收效。当然,在借用网络热点事件时,务必要注意,自身业务需要与该网络热点事件具有关联性,至少要能够自圆其说。

这种写法其实就是结合当前热门事件,比如化妆品、护肤品等行业可以贴合当前大热的宫斗剧;而运动类品牌可以贴合当前火热的电竞项目等;甚至护肤品都可以贴合电竞项目。使用这种写法撰写软文,需要微商具有发散性思维,能够从热门事件中找到与自家产品贴合的地方。

例如,自从官宣体红了以后,各大公众号都将宣体与自己的产品结合起来对自己产品进行宣传,如图5-5所示。

图5-5 结合网络事件撰写软文案例

6.模仿热帖

在软文创作时,通过搜集网络上传播范围极大的热帖进行加工以后进行二次上传，这样的软文，传播速度通常会极快。

值得注意的是，模仿热帖的软文在"加工"时，需要做到巧妙，不露痕迹，在修改时必须自然，不能太过牵强。

撰写软文的方法和切入点自然不局限于这六种方式，通过多观察同行作品，多学习多总结，软文的质量自然就提高了。总而言之，世界上没有不劳而获的晚餐，软文撰写需要勤学多练，用心撰写。

5.1.3 4大目的，写作优秀软文的动力

有的放矢，对症下药才能药到病除。撰写微商软文，我们首先需要了解微商使用软文的目的。软文营销是当前最受欢迎的主流营销方式之一，而微商软文的主要功能包括四点：帮助微商们进行好友引流、推广品牌、赢取信任以及销售产品，具体解释如下。

1. 好友引流

微商是通过微信朋友圈来进行产品宣传，并且通过微信这个社交APP来完成产品销售的绝大部分步骤。

微商的基础就在于微信，微商通过发布朋友圈进行产品营销，对潜在客户进行耳濡目染，促成销售。微商的潜在客户是微商的微信好友。微商在做软文营销时，第一步就是进行引流。通过撰写有趣的软文，吸引好友转发，进而获得更多朋友。

2. 推广品牌

有人认为，微商不同于传统销售，微商所销售的产品，通常并不知名，因此对于品牌营销就不太重视。但实际上，微商更加需要进行品牌推广。只有在朋友圈中通过软文营销打出品牌影响力，才能打下销售的基础，甚至获得更多代理。

3. 赢取信任

信任是销售的基础，尤其是在朋友圈中，相较于毫无关系的陌生人，消费者往往更愿意选择有信任感的朋友。

而打造信任感是一个长期的过程，需要耐心地操作，以及通过专业的软文营销与长期的答疑解惑塑造微商在消费者心目中的形象，才能获取信任。

虽然与用户建立信任是一个长期的过程，但如果没有方法，时间再长也没有用。让客户对微商信任，首先要让客户觉得微商不是个硬生生虚拟的客

户端。首先头像要是真人，可以用软件处理，但一定要清晰，这样的头像远比从网络上找的乱七八糟的图片要真实得多；其次，微信名字也是很重要的，最好用真名，少加些前缀后缀；最后是朋友圈内容，可以发一些与个人生活相关的软文，晒晒近照，晒晒证件（当然要涂掉一些数字）。微商做好这些，给人的感觉很明显：我不是骗子，我不怕客户因为产品问题而找不到售后，这样一来，陌生人也会慢慢地相信微商，进而相信产品了。

4.销售产品

无论如何，营销的最终目的在于销售，微商通过软文进行营销，也是以销售产品为目的。因此，微商在撰写软文时，要时刻把销售产品这一最终目的记在心里，才能够撰写出合适的软文。

虽然销售产品是目的，但不能为了产品能卖得出去就肆意夸大产品功能。这种欺骗行为如果被客户发现，以前积累的信任和口碑会瞬间瓦解。

5.1.4　4大步骤，按部就班写出10万+软文

无论是微商软文，还是其他行业的软文，在进行软文撰写时，都需要按部就班，遵循撰写步骤来进行。微商软文的撰写步骤可分为4步，如图5-6所示。

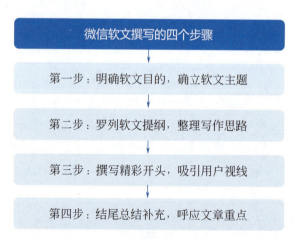

图5-6　微商软文的撰写步骤

围绕4个步骤撰写软文，最为重要的还是明确软文主题是什么。只有主题明确了，才能清楚哪些内容是必须要写上，哪些内容是可以删减的。为了适应快速阅读的现代信息吸取现状，不要写长篇累牍没有主题的软文。

第5章
软文入门：13大方面，认清打造爆款的载体

掌握撰写软文的4个步骤，可以让微信软文的写作变得简单，也让微信软文营销的力量更加集中，结构更加合理。图5-7所示为按照4个步骤撰写的软文案例。

案例中的"好利来"公众号运营者向读者们介绍了一款空气芝士，目的很明确，就是进行产品销售。软文思路清晰，开头通过与空气的类比，突出了芝士的特点和优势所在。最后在结尾处放置产品购买渠道，让读者可以快速购买产品。

图5-7 "好利来"公众号发布的软文

5.2 3大策略，让软文发布效果不打折

软文的发布策略，首先就是软文的媒体，或者说平台选择；其次是在媒体或者平台上发布顺序和节奏上的技巧；最后便是根据不同平台，进行小幅度改动。的确，不管是自由平台还是购买平台位置，撰写完成的软文最终还是要发布出去给市场去检验其效果的。

5.2.1 3大类平台，全面覆盖发布

在现有的市场上，软文的发布平台主要有以下三大类，分别是平面媒

体、桌面互联网媒体和移动互联网媒体。不同的平台发布软文需要使用不同的策略,下面笔者进行详细讲解。

1.移动互联网媒体

随着智能手机的不断普及,到2018年6月,我国手机网民规模已达7.88亿。可以说,移动互联网占据了大部分人的碎片化时间。

而移动互联网发布软文的优势,简单来说就是"快、准、狠",可以一夜之间传遍全国,精准到达目标客户。一篇爆款软文,在经过多个移动互联网媒体传播后,甚至可以成为一段时间的热点话题。

2.平面媒体

在互联网未出现之前,平面媒体便是最大的媒体和媒介。平面媒体发布软文的优势有以下三点,如图5-8所示。

图5-8 平面媒体发布软文的优势

3.桌面互联网媒体

桌面互联网媒体与平面媒体不同,也有着自己独特的优势,具体如图5-9所示。

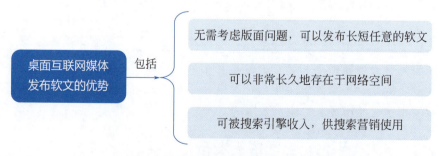

图5-9 桌面互联网媒体发布软文的优势

可以说，各大平台发布软文都有其自身独特的优势。所以有能力的微商会在平面媒体、桌面互联网媒体和移动互联网媒体上立体交叉地发文，这就能给受众造成一种大家都在看、都在用的错觉。例如，一个白领，在上班路上拿出手机看到了软文推广；到了公司打开电脑，门户网站上又有其发布的头条；午间歇息，无聊从公司前台拿了一份报纸，还是看见这篇软文在版面上秀存在。而这，就是强势营销形成的基础所在。

5.2.2 按照先"软文"后"硬广"发布

为什么说要遵循先"软文"后"硬广"的发布顺序，这其中有什么奥秘存在？接下来，本小节将继续讲解软文的发布技巧。

软文营销者在发布软文前，如果先发布硬广，就会打草惊蛇，让你的目标客户有了防备心理。软文的精妙之处在于一个"软"字。先发软文，受众在不知道后面的硬广之前，还会用心地阅读，看你的诉求或者商品。一旦大家都知道你的软文是一个"广告"的时候，大半都会略过。

特别是一些不知名的产品或者品牌，在没有进行广告营销之前，许多人并不了解产品或者品牌。这是一个产品或者品牌的不足，但从软文的营销角度来讲，却又恰恰是其优势所在。产品或者品牌在客户脑海里好似一张白纸，而能在白纸上创作出什么，全看软文营销者的本事。

5.2.3 不同平台，要稍微进行改动发布

本小节所说的不同平台，是指前面所说平面媒体、桌面互联网媒体和移动互联网媒体，也是指同一类平台中不同受众定位的媒体。

一篇软文发布在平面媒体上，不管是软文营销者还是平面媒体，都会将软文的行文改得中规中矩。语言风格也必须得符合这类平面媒体的风格，或者说符合这类平面媒体目标客户的接受度。

而当这篇软文发布在桌面互联网媒体的时候，不管是内容的语言风格，还是文章标题，都与发布在平面媒体上有所不同。要是把一篇发布在平面媒体上的软文，再发布到桌面互联网媒体上，首先标题得有所改动，要最大限度地引起目标客户的注意。还可以迎合搜索引擎，带有SEO效果的关键词。其次，在平面媒体上软文的生命期较短，一般不会超过半个月。而桌面互联网媒体上的软文永久可查，在内容上可以加大信息含量，全面地讲述所有诉求。

当这篇软文发布在移动互联网媒体时，还得进行再次改动。虽然桌面互

联网媒体和移动互联网媒体同属互联网媒体，但因为其载体不同，在软文的阅览方式上也有很大不同。移动互联网媒体上的用户，一般都是短时间阅读，一旦信息量过大，很容易把目标客户吓跑。所以，在移动互联网媒体上发布，一定要根据手机的屏幕大小，有针对性地发布短小精悍的软文，切忌太长、太过啰唆。

5.3 6大误区，帮你抓住软文编写重点

与硬广告相比，软文不仅可以提高品牌的知名度、美誉度，同时发在门户站点的软文更能增加网站外链，提升网站权重。然而，想要写出一篇好的软文并非易事，它对写作者的专业知识和文笔功夫有着很高的要求。

不少媒体运营人员和文案编辑人员在创作软文时，往往因为没有把握住软文编写的注意事项而以失败告终，更甚者是对软文编写重点产生了一定的错误理解。下面就盘点一下软文编写过程中需要注意的6大误区。

5.3.1 误区1：内容偏离中心主题

有的文案人员在创作软文时，喜欢兜圈子，可以用一句话表达的意思非要反复强调，不但降低文章的可读性，还可能会令读者嗤之以鼻。尽管软文是广告的一种，但是它追求的是"润物细无声"，在无形中将所推广的信息传达给目标客户，过度地说空话、绕圈子，会有吹嘘之嫌。

此外，软文的目的是推广，因而每篇软文都应当有明确的主题和内容焦点，并围绕该主题和焦点进行文字创作。然而，有的文案人员在创作软文时偏离主题和中心，乱侃一通，导致读者一头雾水，营销力也就大打折扣。

5.3.2 误区2：完全偏离产品实际

软文的目标是营销，类似于广告。但是软文在营销上，并不等同于广告。广告谋求的是在短时间内，目标客户对于产品有一定的记忆和认识。而软文是要将营销植入文章的，是需要有前奏和一定氛围的。从这个角度来讲，软文是要根据实际情况，有层次地适当表现出诉求和产品，一旦偏离产品实际，表现过度，那就成了表演，也谈不上软文中的"软"了。

从软文营销的本意上来说，软文营销是不会脱离产品实际的。其本质上就是根据产品或者诉求的实际状况，选择性地将产品或者诉求带入一定的情景当中。被软文营销触动到了的客户，自然会为此买单。

即使产品或者诉求必须在一定程度上进行美化，也不能太过脱离实际。如果把没有的东西安在产品或者诉求之上，有判断力的受众不仅会对这一篇软文产生怀疑，更会波及前面所写软文的真实性，那就得不偿失了。

5.3.3　误区3：重数量而不重质量

软文相对其他营销方式成本较低，成功的软文也有一定的持久性。一般软文成功发布后就会始终存在，除非发布的那个网站倒闭了。于是很多客户一天就发几十篇软文到门户网站。

事实上，软文营销不应是每天发很多软文，更重要的是质量，一篇高质量的软文胜过成百上千的一般软文。

针对"求量不求质"的平台运营操作误区，软文营销者应该怎样避免呢？办法有两个，具体如下。

（1）加强学习。了解软文营销的流程，掌握软文撰写的基本技巧。

（2）聘请专业的软文营销团队。因为他们不像广告公司和公关公司那样业务范围比较广，他们专注于软文撰写，软文质量很高。

此外，对于一些低质量软文站点也要取缔，而常用的评判该类站点软文质量高低的工具是"百度绿萝算法"。

百度绿萝算法是百度上线的一种搜索引擎反作弊的算法。该算法主要打击超链中介、出卖链接、购买链接等超链作弊行为。该算法的推出有效制止恶意交换链接、发布外链的行为，有效净化互联网生态圈。

5.3.4　误区4：版面错乱无法阅读

如果在软文内容的布局和书写上没有大问题出现，但是内容呈现出来却是错乱的，此种情况下，是无法阅读的，且极其容易影响读者的阅读兴趣。

况且，在手机界面上，由于其屏幕相对于电脑端来说明显小得多，本来阅读就比较困难，如果还出现了排版错乱的问题，就阅读而言更是雪上加霜。

因此，在撰写软文时，还需要注意阅读的视觉效果。一个比较舒适的视觉环境，能让读者多一丝耐心停留在一篇文章上。

因此，最好每个自然段不超过150个字。一般以3行一段，两至三个句号，来给读者阅读喘息的机会。

当然并不是每一篇文章都是这样，撰写软文并不具有固定的写作手法。每篇软文都有自己独特的写作技巧，而这些技巧要看软文撰写者有没有抓住。若是没有把握，则可以按照"3行一段"的做法进行。

另外，在手机界面发布的软文，尤其应该注意文字之间的间距，具体如下。

（1）字符与字符之间应该留出更多的空白位置。

（2）行与行之间应该加大相隔间距。

（3）段落与段落之间（三至四行文字之后）应该留出一定的间隔。

5.3.5 误区5：无法长期坚持创作

对于软文营销推广，有的客户一天发好多篇，天天在发；但也有的客户一年发一次、两次。笔者了解到，许多推广客户觉得软文可以做些口碑，但是直接带来客户还是少的，因此只是在工作之余才发几篇文章。

其实，软文营销是一个长期过程，别想着只发一篇软文就能带来多少流量，带来多少效益；也不是"三天打鱼，两天晒网"；更不是今天发十篇，下个月想起来了再发几篇，毫无规律。

软文营销，从其实质来说，并不是直接促成成交的推广。但长期有规律的软文发布可以提升企业品牌形象，提高潜在客户的成交率。当用户长期见到这个品牌软文，就会不知不觉地记住它，潜意识里会形成好印象。最后当用户需要相关产品时，就会购买了。

因此，在微商营销中，软文的编写和发布是不能缺乏长期坚持的。"坚持就是胜利"对软文营销而言，并不只是说说而已，它要求去具体实施，并在这一过程中获取胜利的目标。关于坚持，它有以下两个方面值得运营者予以高度注意。

（1）**方向的正确性**。只有保证在坚持的过程中方向的正确性，才能不会有与目标南辕北辙的情况出现，才能尽快地实现营销目标。在微商营销中，方向的正确性具体可表现在市场大势的判断和营销技巧、方式的正确选择上。

（2）**心态与行动的持续性**。在营销过程中，必须在心态上保持不懈怠、行动上继续走下去才能更好地获得成功。微商营销也是如此，需要企业或商家坚持不懈地经营才能有所斩获，心态与行动上的坚持分析如图5-10所示。

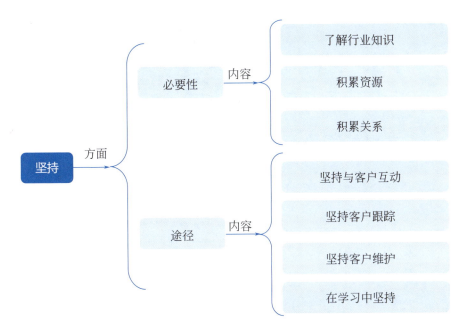

图5-10 心态与行动上的坚持分析

5.3.6 误区6：贬低竞争对手产品

产品应该靠上乘的质量赢得市场，而不应该靠贬低竞争对手的产品来扩大销量，以求得继续生存和发展的。其实，即使真的成功贬低了竞争对手的产品，目的也未必就能达到。在广大的市场下，每时每刻都有新的产品出现，用户对一个竞争对手的产品产生不好印象，也可能会去选择另一个竞争对手的产品。并且，贬低竞争对手产品，本质上就是对自身产品不自信的表现。

再说，贬低竞争对手产品，也会招来竞争对手的反击。客户一旦接收到这样的信息，彼此的产品都会失去整个市场的所有客户。比如，某一行业的两大知名企业，它们互相诋毁贬低对手产品，使得整个市场的产品形象受损。

第 6 章

软文写作：22个技巧，让微商产品营销最大化

学前提示

要想让微商产品营销最大化，增加微商产品的关注度与曝光度，微商撰写的推广软文就必须让客户对其提供的信息眼前一亮。而要做到这一点，软文标题、软文正文和软文图片都十分重要。

要点展示

- 8大要求，打造微商爆款软文标题
- 7大技巧，呈现受人欢迎的产品软文
- 7个方面，让微商软文图片更吸引人

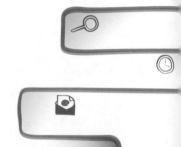

第6章
软文写作：22个技巧，让微商产品营销最大化

6.1 8大要求，打造微商爆款软文标题

想要深入学习如何撰写爆款软文标题，就要掌握爆款软文标题的特点，只有掌握其特点，才能笔下生花。本节将从爆款软文标题的特点出发，重点介绍8大要求，以便更好地打造微商爆款软文标题。

6.1.1 表现产品最大亮点，成功打动读者

软文发布的目的就在于吸引读者的注意力，最终促进产品的销售。针对这一目的，在软文标题的拟写过程中，应该注意将产品的最大亮点展示出来，这样可以让读者在看到标题的时候就能够感受到软文中所提及的商品具有怎样的特点，是否适合读者，是否能满足他们的心理需求。

在软文标题的特征凸显这一层面上，可从多个角度来考虑。其中，最能够打动读者的一般是表现出最新动态的产品特征。这是因为，人们都有一种追求新奇的心理需求，总是希望能够见证超越历史的某一时刻、某一事件。因而在软文标题中添加表现"最新"含义的词语，如：开始、惊现、创新、终于等，往往更能吸引读者的眼球，引发巨大的轰动，获得更多的转载机会。

图6-1所示为在软文中展示了最大亮点的标题案例。人都有为人先做"第一人"的想法，在看到这种带有"首款"的软文标题，能很大程度地满足读者追求新鲜事物和新技术的想法。所以，读者也会为了满足新鲜感而点击文章查阅内容。

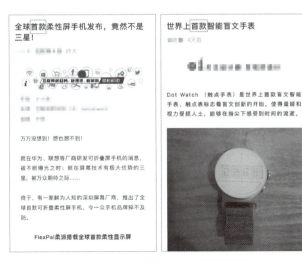

图6-1 展示最大亮点的标题案例

6.1.2 说明产品实用性,提升软文点击量

在微商营销过程中,其软文内容的撰写目的主要就在于告诉读者通过了解和关注平台软文,能获得哪些方面的实用性知识或得到哪些具有价值的启示,也就是软文的实用性体现。而为了提升软文的点击阅读量,撰写者在进行标题设置时应该对其实用性进行展现,以期最大限度地吸引读者的眼球。

比如,经营家居电器的微商,都会在软文当中介绍一些产品的实用功能,并在软文标题当中将其展示出来。读者看到这一软文之后,就会点击软文查看标题所介绍到的有关于实用功能的详细的使用方法。像这一类具有实用性的软文标题,作者在撰写标题时就对软文内容的实用性和目标对象作了说明,为那些需要相关方面知识的读者提供了实用性的解决方案。

可见,展现实用性的软文标题,一般多出现在专业的或与生活常识相关的各大平台上。特别是对于那些在生活中遇到有类似追求的读者而言,撰写说明产品实用性标题的软文是极其受欢迎的,点击阅读也就成了意料之中的结果,如图6-2所示。

图6-2　展现实用性的软文标题案例

6.1.3　表明产品差异性,让软文脱颖而出

体现差异性和制造紧迫感是让软文出奇制胜的关键所在。特别是在随着微商人数的快速增加而随之出现的软文推送增加的时代环境下,要想脱颖而出,就必须要实现差异制胜,同时打造具有紧迫感的软文标题。

第6章
软文写作：22个技巧，让微商产品营销最大化

在此，主要介绍软文标题撰写的差异性原则。从这一层面上来看，可从两个方面进行分析。

其一，同一平台内的差异性标题。这是充分展现产品营销软文撰写水平的重要方面。图6-3所示为在同一账号中的软文标题，就充分体现出产品营销软文撰写方面的差异性原则。

图6-3 同一账号中软文标题的差异性案例

在产品营销过程中，在保持软文内容定位的统一性的基础上，还要在标题撰写上有着差异性，不能让平台所有软文的标题都是一致的，否则容易让人产生一种审美疲劳，对读者而言也是缺乏吸引力的。

因此，在撰写软文时，必须在标题撰写的差异性上下功夫，力求有着多样化的表现形式。纵观如今众多的产品营销软文，其对内部运营的差异性还是非常注重的，也是实现和遵循了这一标题撰写原则的。

其二，不同平台之间的差异性标题，这是充分展现软文个体的突出特点的重要表现。在竞争激烈的软文运营环境中，要想"不泯然众人矣"，就有必要撰写具有差异性的软文标题。

当读者对标题相似的软文免疫力增强的情况下，突然出现的一个有着突出特点、表达方式迥异的软文标题必然更受读者青睐，由此而产生的点击阅读行为增加的结果也就不足为奇了。

图6-4所示为一些账号推送的体现差异性的软文标题，它们或为展现独家性，或在语言表达上突出重点（如利用叠字就是其中一例）。

图6-4　不同账号软文体现差异性的标题案例

6.1.4　筛选特定的观众，让软文精准推送

所谓"金无足赤，人无完人"，没有哪一篇软文的标题是所有人都感兴趣的。这也就要求作者在撰写软文标题的时候，能够精准定位自己的客户群体。只有客户定位准确了，才能保证自己文章的阅读量。

比如，关于摄影的软文，所针对的客户群就是摄影爱好者，那么就要在软文的标题当中体现出来，让喜爱摄影的人能在第一时间就知道这篇软文是针对他们来写的；关于美食的软文，所针对的客户就是美食爱好者，那么在标题上也就要偏向于他们；关于时尚的软文所针对的就是时尚爱好者，标题也就自然是要偏重爱好时尚的读者。不同的软文所针对的客户都是不一样的，这也就要求软文作者在撰写标题时要区分不同的人群。

在软文标题当中的读者定位和筛选来说，包括两个方面：一方面是内在条件的筛选，这方面包括了读者的个人基本信息和爱好，比如性别、年龄、兴趣爱好、价值取向等内在因素；另一方面是外在条件，这一方面就主要包括了读者（客户）的消费能力、所处地域等。搞清楚了这些问题才能做到对客户有个正确的定位，这就是人们常说的"知己知彼，才能百战百胜"。

其实软文的客户定位也是一样的，作者和读者的关系也是分不开的。从作者的角度来说的话，精准的客户定位是作者自己软文阅读量的保证；对于读者来说，当看到自己喜欢的领域有专业文章的时候，也会长期关注该作者或该品牌。不管是作者还是读者，一篇软文的标题是否对客户有准确的定位，影响都是巨大的，也是相互的。

在软文当中，文章内容部分针对特定的客户还不行，要在软文的标题上就能准确地把握客户，通过标题就能把针对的客户吸引过来。这也就要求作者在撰写软文标题的时候就要体现对读者的筛选和定位，像这样从软文标题就已经筛选了特定类型客户的案例，如图6-5所示。

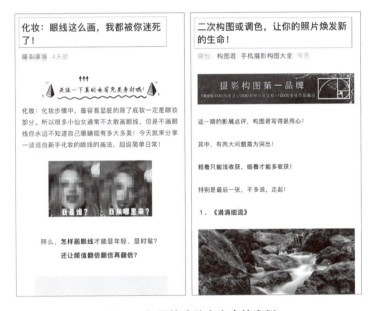

图6-5　标题筛选特定客户的案例

6.1.5　呈现产品福利，让利益实实在在可见

福利体的标题是指在文章标题上向读者传递一种"阅读这篇文章你就赚到了"的感觉，让读者自然而然地想要去阅读文章。一般来说，福利式标题准确把握了读者贪图利益的心理需求，让读者一看到"福利"的相关字眼就会忍不住点击阅读软文。

福利式标题的表达方法有两种，具体如图6-6所示。

值得注意的是，在撰写福利式标题的时候，无论是直接式还是含蓄式，都应该掌握三点技巧，如图6-7所示。

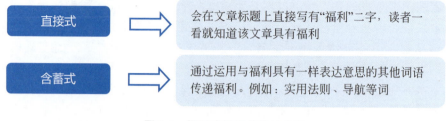

图6-6 福利式标题的表达方法

图6-7 福利式标题的撰写技巧

由于福利式标题有两种不同的表达方式,因此也有两种不同的案例。不同的标题案例有不同的特色,如图6-8、图6-9所示。

图6-8 直接式福利式软文标题

图6-9 含蓄式福利式软文标题

6.1.6 应用数字,激发读者探索背后内容

数字式标题是指在标题中呈现出具体的数字,通过数字的形式来概括相关的主题内容。数字不同于一般的文字,它会带给读者比较深刻的印象,与读者的心灵产生奇妙的碰撞,很好地吸引读者的好奇心理。

在软文中采用数字式标题有不少好处,具体体现在三个方面,如图6-10所示。

图6-10 数字式标题的好处

值得注意的是,数字式的标题也很容易打造。因为它是一种概括性的标题,只要做到三点就可以撰写出来,如图6-11所示。

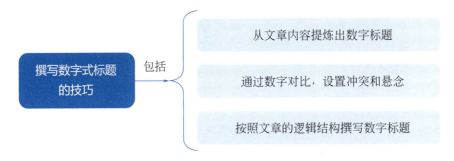

图6-11 撰写数字式标题的技巧

此外,数字式标题还包括很多不同的类型,比如时间、年龄等。具体来说可以分为三种,如图6-12所示。

数字式的标题比较常见,不仅软文中会用到,很多其他类型的文章也会用到。在软文中,数字式的标题通常会采用悬殊的对比、层层递进等方式呈现,目的是为了营造一个比较新奇的情景,对读者产生视觉上和心理上的巨大冲击。例如必胜客的数字式标题,如图6-13所示。

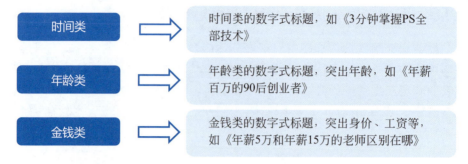

图6-12 数字式标题的类型

图6-13 必胜客数字式标题

6.1.7 传递急迫感，加快读者的阅读速度

很多人或多或少都会有一点拖延症，在他人的催促下才会动手做一件事。急迫感的文章标题就有一种类似于催促读者赶快阅读的意味在里面，它能够给读者传递一种紧迫感，让读者加快阅读文章的速度。文章编辑在使用急迫体写文章标题的时候，可以加"赶快行动、过会儿就删"等词语，让读者产生现在不看等会儿就看不了的感觉。图6-14所示为急迫感微信公众号文章标题的案例。

软文写作：22个技巧，让微商产品营销最大化

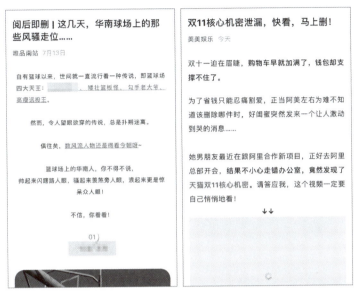

图6-14 急迫感微信公众号文章标题的案例

6.1.8 利用对比，突出优势加深读者理解

对比式标题是通过与竞争对手同类产品进行的对比，来突出自己产品的优点，加深读者对产品的认识，如"面面俱到与术业专攻，美的、格力谁更强？""做工和体验才是重点，小米对比锤子手机"等。

在对比式文章标题中，文章编辑还可以加入其他类型的标题创作方法，这样能使得标题更具吸引力。

例如，加入悬念式标题的手法，能更加突显出标题的特色，吸引消费者的注意力，如中兴百货的平面海报广告《思想的天使，肉体的魔鬼》《上海只适合××，不适合××》等，都是既用了对比，又有悬念，很符合当代人的口味。图6-15所示为对比式微信公众号文章的标题案例。

> **专家提醒**
>
> 微商在运用对比式标题的时候，一定要注意文中内容要与标题相符合，不能只夸自己产品的优点，一定也要指出对方产品的优点，然后再在对方优点的基础上，指出自身产品的可行之处，方能成为一篇实实在在的对比式文章。

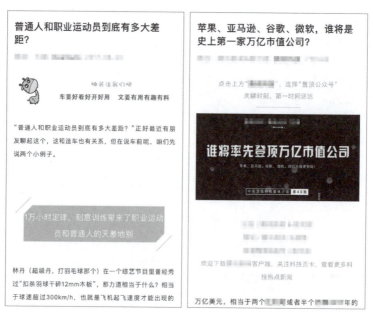

图6-15 对比式微信公众号文章的标题

6.2 7大技巧，呈现受人欢迎的产品软文

软文营销算是在网络营销中不可或缺的一种营销方式，所以许多行业都很重视软文的写作。微商也需要掌握好软文的写作技巧，提高产品的销量，用情感去打动你的顾客，从而产生共鸣感。本节主要介绍7种微商软文的写作技巧。

6.2.1 图文结合，提升软文的吸引力

发送软文有多种方式，其中包括发纯文字、发送图文并茂的内容和发送视频内容等。软文营销肯定是和文字有关的，因此在各大社交平台进行软文营销，可以选择与文字有关的纯文字形式和混合形式。

但是最好是采用图文结合的方式，图文结合的软文会比单纯的文字更加醒目、更加吸引人，蕴含的信息量也更大。

图6-16所示为某微商采用图文结合的方式发布的产品营销信息，发图的数量都是比较讲究的，如4张、9张都是在标准的发图数量中。

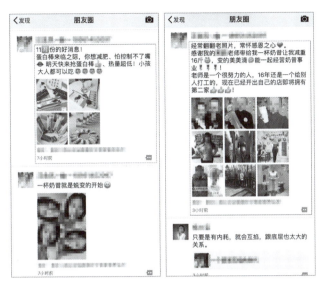

图 6-16　某微商采用图文结合的方式发布的产品营销信息

6.2.2　寻找痛点，解决隔靴搔痒的难题

软文必须要有痛点，如果找不到消费者的消费痛点，那么很遗憾，结果只有一个，那就是隔靴搔痒，永远没有办法让消费者冲动起来。

痛点的核心基于对比。所以，给目标消费者制造出一种"鱼与熊掌"不可兼得的感觉，就是痛点营销的关键所在。微商痛点营销的操作方式，如图6-17所示。

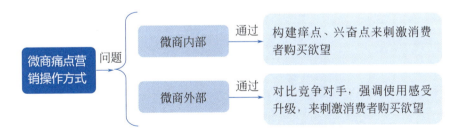

图 6-17　微商痛点营销的操作方式

很多微商都面临着一个问题，就是如何寻找痛点。然而，痛点其实并没有微商想象中那么难找。微商对于痛点的寻找，有两点必须要注意：一是知己知彼，了解自家和竞争对手的产品或服务；二是充分解读消费者的消费心理，懂得消费者所想。

图6-18 抓住消费者的痛点

挖掘痛点不可能一蹴而就，这是一个长期的过程，需要不停地观察挖掘细节，痛点往往就在消费者最敏感的细节上。微商挖掘一到两个细节，感同身受地体会自己的需求与冲动点，才能够挖掘到消费者的痛点。

市面上有一款以在线学习为核心的APP"作业帮"，就是从产品定位和客户需求方面进行深入分析，换位思考，从不同角度来抓住消费者的痛点，如图6-18所示。

由此可以证明，抓住痛点是非常重要的。微商需要认真仔细地把马斯洛原理透彻研究一下，才能完全地抓住痛点，如图6-19所示。

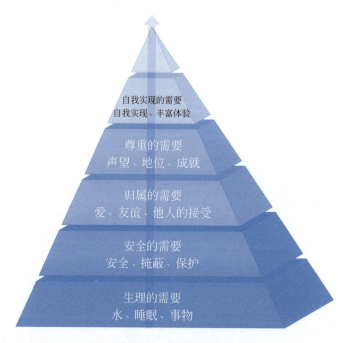
图6-19 马斯洛原理

6.2.3 多角度介绍，综合了解微商产品

商家在各大平台进行软文营销的时候，关于产品的介绍要从多个角度出发，除了介绍产品的主要功能之外，还可以包括以下内容，如图6-20所示。这样做，能够让客户对产品有个综合的了解。

图6-20　多角度全面介绍产品

6.2.4 围绕利益，激发客户的消费欲望

在通过软文进行营销的过程当中，为了使对方愿意购买商家所推出的商品，必须要花大把的时间和精力来激发客户的购买欲。

那么，我们应该采用哪种方式来激发客户的消费欲望呢？笔者将其主要的方法总结为如图6-21所示。

图6-21　激发客户消费欲望的方法

在了解对方需求和购买力的基础上，最大限度地激发其购买欲。除了上述方法，还可以从所推出的产品或服务能够给客户带来的利益角度进行介

绍，做到一切以"客户利益"这一中心点出发，针对商品或服务来推送信息。

 专家提醒

也就是说，在"客户利益"这一点上，商户们应该重点强调商品的安全性能、外观设置、是否经济实用以及能否给客户带来效益等。

从客户所得利益出发，不断为客户分析他们能从商品中得到的好处，这样才能激发客户的购买欲望。

因此，在撰写软文的过程中，要重点围绕"读者的需求和利益"这一重点来写，突出显示他们能够获得的实际好处，这也是很多软文已经做到的。

以在手机淘宝平台上发布的软文为例，如图6-22所示。推送的文章是针对军训后的读者来写的，同时在其中还提到了相关产品，突出展示了读者能够得到的利益。

图6-22　针对读者的需求撰写的文章案例

再来看微信公众平台的文章，图6-23所示为"汉堡王中国"推送的文章，内容基本都是从读者的角度考虑的，因为能看到它推送内容的读者，大部分都是潜在的消费者。

因此它的内容也是带有实际利益的，比如送福利、提供已经搭配好的套餐等。而且更有意思的地方是，它还采用了自创漫画的方式来吸引读者的眼球，给人耳目一新之感。

图6-23 "汉堡王中国"推送的文章

6.2.5 权威印证，提升消费者的信任度

权威一般有两个重要作用，这两个方面相互作用，相互支撑。

（1）容易获得消费者认可。

（2）容易做出好的口碑。

权威一般代表着不可推翻、值得信赖。因此比较适合在软文中使用这一因素，来提升读者的好感度和信任度，从而顺利推销相关产品。

微商在做软文营销时，如果要利用权威，可以通过以下两种方式进行。

1. 新闻报道式

通过新闻报道式软文进行营销，而所谓的新闻报道式软文实际上整体感觉与新闻报道是一致的。在写作之前要先研究发布软文的报纸或网站的新闻风格，其包括新闻报道的标题、内文、图片以及版式等。它的可信度高，能让消费者卸下戒备心理，以平常心阅读软文，对软文的内容深信不疑。

2. 新闻权威式

所谓的新闻权威式软文，就是软文营销以权威观点、权威专家论证、权威机构推荐的形式，针对社会热点事件，通过新闻的形式进行报道和隐性传播，增加软文内容的吸引力与可读性。那么，这种新闻权威式的软文，到底应该如何打造呢？笔者将其要点主要总结为如图6-24所示。

图6-24　打造新闻权威式软文的要点

 专家提醒

在放大利益诉求的时候，可以通过权威机构的引证来表现出产品的安全性和高效性，同时展示全新的防治理念和使用方式，紧紧围绕权威、安全以及新颖等特点为核心，可以不断地加深产品在消费者心中的印象。

以美的集团在美的集团官网发布的文章为例，如图6-25所示。

图6-25　新闻报道式软文案例

从图6-25中可以看出，此篇软文不仅清楚展示了发布的时间，还通过比较严肃的文字风格来表达了中国国际进出口博览会的相关内容，是典型的新闻报道式软文，跟新闻报道区别不是很大。文章也通过介绍库卡机器人来为下一步的销售进行铺垫。

再来看新闻权威式软文。图6-26所示为墨瑟门窗发布的内容。其中主要以第十五届上海门窗幕墙博览会权威推荐的形式，让读者了解到品牌的权威性，同时还发表了自己的看法，进一步充实文章内容。

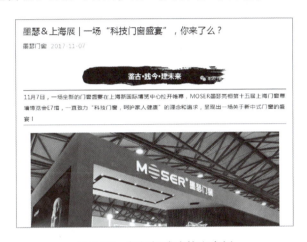

图6-26　新闻权威式软文案例

6.2.6　亲情驱动，让客户认同并购买产品

微商做软文营销时，可以利用亲情来打动读者，传播软文主题。从读者的角度出发，表达消费者的心声，引起消费者的亲情共鸣，让消费者在温馨亲情的驱动下认同并购买产品。

这样的软文营销主要是通过引起情感共鸣来实现的，而它也有专门针对的人群。一是孝敬长辈的子孙辈；二是疼爱丈夫的家庭主妇；三是呵护子女的父母长辈；四是爱惜妻子的模范丈夫。

如果是女儿买给父亲的产品，就最好用女儿的角色去说话，从女儿的角度表达对父亲的敬爱，以便激起女儿对父亲的关爱和体贴；如果瞄准的目标消费群体是丈夫，那么就表达出妻子对产品的期待，让爱情和亲情共同作用，从而促使目标受众对文章感兴趣，进一步购买产品。值得注意的是，在利用亲情或者感情的因素来吸引读者的眼球时，为了达到理想的营销效果，还要注意三个问题，如图6-27所示。

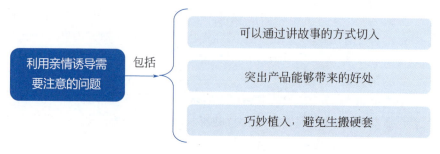

图 6-27 利用亲情诱导需要注意的问题

 专家提醒

在软文中添加亲情因素时，注意从不同的角度把握读者的心理，切忌一概而论，套用模板。如果想通过亲情诱导读者购买相关的产品，就需要密切关注目标读者的动态，比如心理状态、外界因素的影响等。当然，最好的方式还是对其进行专门的调查，研究透彻后再撰写相关的软文。

以"强生婴儿新妈帮"在微信公众平台推送的《夏至已至，潮湿炎热的天气，宝宝皮肤状态不好？强妈来支招》一文为例，就是从妈妈关心自己孩子的角度出发，倾心打造的。文中主要是推销宝宝用的护肤品，如图6-28所示。

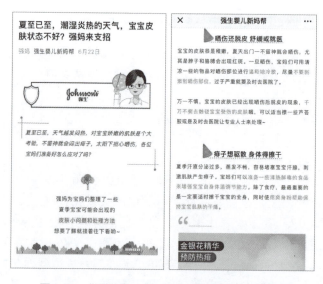

图 6-28 "强生婴儿新妈帮"亲情诱导式的软文

再来看儿女关爱妈妈的案例。图6-29所示为"Olay"在微信公众平台上发布的关于给妈妈送惊喜的软文。这篇软文不仅大打亲情牌,而且还借用了节日的氛围来为其造势。

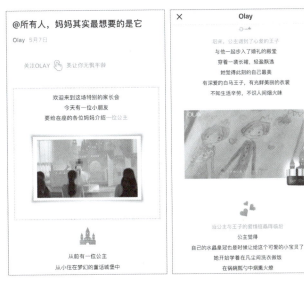

图6-29 "Olay"亲情诱导式的软文

从标题就可以看出文章是围绕母子之间的情感展开的,而正文的内容确实也是以表达对母亲的感恩为主,从广大作为儿女的群体角度出发,促使他们产生立即报答母亲的想法,并积极购买文中提到的相关产品。

专家提醒

人人都有情感,而亲情又是种种情感中最为珍贵的一种,它是一种血脉相连的感情,难以割舍。如果微商在撰写软文时能够很好地利用这一工具,就能轻松俘获读者的心,将其成功转换为消费者。

6.2.7 热卖情景,让客户产生购买的冲动

社会上的绝大多数人都喜欢跟风,看到哪里人多就会去哪里,热卖的东西人们喜欢跟着抢,很多人说好的东西就相信是好的,这是很明显的从众和跟风心理。

根据这些心理,微商可以制造热卖情景的软文营销,吸引消费者的眼

球。用软文撰写出真实的情景，营造热烈的氛围，让读者产生一种产品热销甚至断货的感觉，从而让他们在热潮中产生购买的冲动和迫切感。

那么，具体而言应该如何制造出产品的热销氛围呢？根据笔者的经验，常用的方法有三种，如图6-30所示。

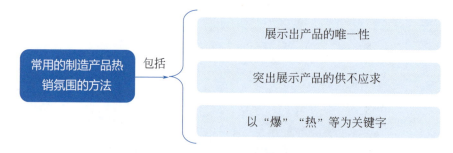

图6-30　常用的制造产品热销氛围的方法

通常在实体店中，为了营造商品热卖的场面，会采用播放音乐、喊口号以及招揽顾客等方式。而事实也证明，大多数人都爱去氛围比较热烈的店铺购物。因此，在撰写软文的时候，制造热销的氛围也是十分有必要的，不仅能够吸引读者的眼球，还可以提升产品的销售量。

以"上海旅游"在微信公众平台推送的软文为例，如图6-31所示。通过图片展示了店铺的火爆性，大力吸引读者前去消费，从而实现软文营销的目的。

图6-31　制造商品热销氛围的软文案例

第6章 软文写作：22个技巧，让微商产品营销最大化

其实，制造商品的热销场景并不困难，最重要的就是懂得掌握读者的心理，知道他们想得到什么，高质量的产品还是贴心的服务，或者是两者都想得到。只有这样，软文营销的效果才能得以体现。

6.3 7个方面，让微商软文图片更吸引人

要想提高文章的点击率，增加平台的关注度与曝光度，微商就必须让客户对其提供的信息眼前一亮。而要做到这一点，图片的选择尤为重要。

6.3.1 高清图片，打好客户价值判断的基础

高清的图片是获得平台客户良好的第一印象的法宝，它体现了商品价值的高低，直接影响着客户的价值判断。图6-32所示为一款主图清晰的产品，它不仅画质清晰，拍摄的角度也比较合理，从而能通过背景凸显产品的品质。

图6-33所示为背景杂乱的图片素材。不难看出这张图片的背景随意，给客户一种毫无亮点、平平无奇的感觉。如果在微商产品的视觉设计中选择这样的图片素材，肯定是难以激发客户的好奇，达不到好的视觉效果。

图6-32 图片清晰的主图

图6-33 背景杂乱的图片素材

专家提醒

好的图片素材除了要拥有较高的清晰度外，还应具备的一个特点便是图片背景应该比较有序或者干净，而不是杂乱无章，不然就会给读者造成一种品牌感不强的印象。

6.3.2 水印标签，扩大微商品牌或产品影响力

要想让微商推送的图片吸引读者的眼球，如何给图片打个标签也是微商需要注意的一个问题。给图片打标签的意思就是给微商的图片加上专属于该微商的水印，从而推广相应的平台，扩大平台影响力。

例如微信公众号平台的图片水印设置共有使用微信号、使用名称、不添加三种形式。既然我们的目的是要给图片打标签，那我们就可以选择忽视第三种形式，微商可以在第一种和第二种形式中根据自己的想法选择一种设定微信图片水印的形式。

总而言之，水印标签是一种扩大微商品牌的方法。更具体地说，它涉及在图像上放置一个明显的嵌入式叠加层。消费者可以通过观看或者使用带水印标签的照片，从而进一步扩大微商自身的影响力。

6.3.3 二维码，多形式做好产品电子名片推广

在现实生活中，随处都布满了二维码的身影，二维码营销已经成为一种很常见的营销方式。二维码对于微商来说也是非常重要的，同时它也是微商的电子名片。

因此，微商在运营自己的平台时，可以采用制作多种类型和形态的二维码进行平台推广与宣传，以便吸引不同审美类型的读者。将我们生活中见到的二维码进行分类，可以分为5种类型，具体如图6-34所示。

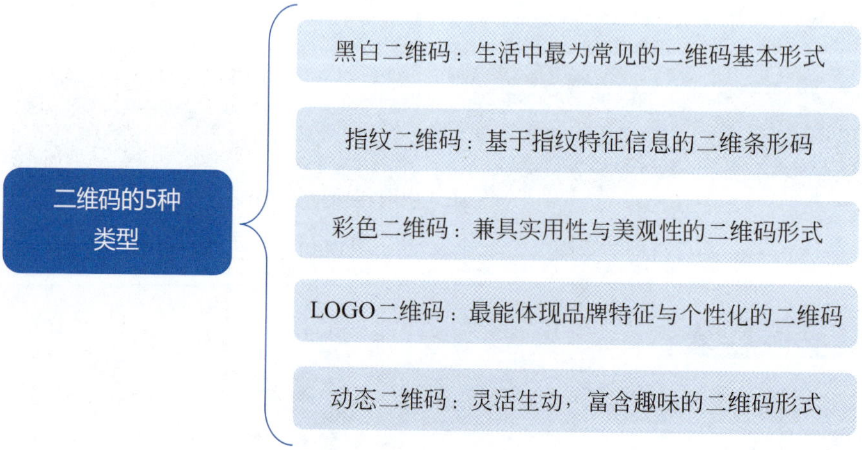

二维码的5种类型：
- 黑白二维码：生活中最为常见的二维码基本形式
- 指纹二维码：基于指纹特征信息的二维条形码
- 彩色二维码：兼具实用性与美观性的二维码形式
- LOGO二维码：最能体现品牌特征与个性化的二维码
- 动态二维码：灵活生动，富含趣味的二维码形式

图6-34 二维码的5种类型

关于二维码的5种类型，具体介绍如下。

1.黑白二维码

在我们的日常生活中，比较常见的二维码都是黑白格子的，如图6-35所示。这种单一的形式已经不能够满足喜欢尝鲜、喜欢创新的消费者了。

2.指纹二维码

相信很多人对于这种指纹二维码都不会感到陌生，这是一种之前很流行的二维码类型。它的特色是一张正常的普通的二维码旁边带一个指纹型的动图，相对于一般的二维码，它给人的感觉会比较有趣。图6-36所示为一张指纹二维码。

图6-35 黑白二维码

图6-36 指纹二维码

3.彩色二维码

彩色二维码是一种非常有特色的二维码，它不同于黑白二维码那么单调、死板，彩色二维码它是靓丽、有活力的。这种二维码能够吸引大批追求新颖与特色的读者，能够使平台变得更有特色。图6-37所示为一张彩色二维码。

4.LOGO二维码

LOGO二维码是指微商将自己公司的LOGO设计到二维码中，使得读者在扫码或者阅读时能够看到自己微商的LOGO形象，加深

图6-37 彩色二维码

了读者对自己微商的印象，也达到了传播微商知名度的目的。这种类型的二维码，是微商进行微信营销与推广很常用的一种二维码，其效果也是很不错的。图6-38所示为一张LOGO二维码。

5.动态二维码

动态二维码也是平台运用非常广泛的一种二维码类型。动态二维码它相对于静态的二维码来说能够带给读者更多动感，能给看见的人留下非常深刻的印象。一张动态平台二维码就是一张动态名片。图6-39所示为某微信公众号使用的动态二维码。

图6-38　LOGO二维码

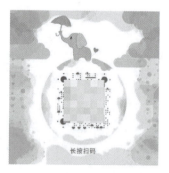

图6-39　动态二维码

6.3.4　信息分层，让消费者一眼抓住营销重点

无论是台上的宣传广告，还是各类推送软文中的图片，在信息的展示上都应该要有主次之分，而不是随意分布，杂乱无章。对商品信息进行分层处理的好处有很多，主要内容如图6-40所示。

图6-40　对商品信息进行分层处理的好处

一般而言，商品主图的信息会比较简单，只有商品图、品牌标识和数量。图6-41所示为美肤宝面膜的主图。

而有的商品主图则会加上促销等信息，这时就需要在页面设计中对各种信息内容进行分层处理。图6-42所示为一叶子面膜的主图，体现在第一位的自然是商品本身，然后是促销活动的信息"到手价""前2小时送22片""前9999名买1送2"，最后就是品牌标识的展示，位于画面的正上方。

如果不对商品主图的信息进行分层处理，消费者就无法一眼抓住营销重点，继而会对商品和品牌失去信心。图6-43所示为某品牌铜线的主图。

图6-41 美肤宝面膜的主图

图6-42 一叶子面膜的主图

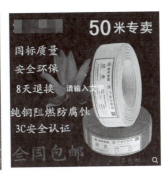

图6-43 不注重信息分层处理的图片示例

观察图6-43不难发现，图片中的文字信息随意遮盖商品图，信息层级划分并不显著。这样的图片设计将会给消费者的购物带来不好的视觉影响，从而降低店铺商品的销售量。

6.3.5 品牌推广，加深品牌记忆留住新老客户

随着电商行业的不断蓬勃发展，在线销售的商品越来越多，如何进行更为出色的视觉营销也成为许多商家都在思考的问题。

于是，全力打造品牌成了许多商家的首要选择。他们不再拘泥于简单的商品销售，而是致力于品牌的宣传和推广。因为只有通过记忆强化，才能使消费者对商品所属品牌记忆犹新，把新老客户都留住。但品牌的宣传和推广需要付出的代价比较大，商家需要应对如图6-44所示的几大问题。

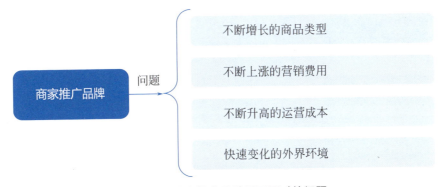

图6-44 商家推广品牌需要面对的问题

传统的微商在树立品牌时，花费了不少心血，投入的资本也不容小觑。而电商微商要想对品牌进行宣传和推广，就不要从资金上和传统微商较劲，通过商品主图展示品牌标识倒是一个不错的方法。

图6-45所示为筱姿、鸭鸭、璞衣和HC的商品主图。它们有一个共同的特点，就是品牌标识都统一位于画面的左上侧。这样一来，不仅可以吸引新顾客的注意力，还可以让老顾客产生熟悉感，进而促进商品的销售，为品牌的宣传和推广打下良好、坚实的基础。

图6-45　放在固定位置的品牌标识示例

6.3.6　注重质感，带给客户最佳的视觉感受

微商在进行视觉设计，选择相关视觉图片时，应注重体现视觉图片的质感。高质感的视觉图片会更容易抓住客户的眼球，带给客户最佳的视觉感受。

不同质感的商品主图，会在无形之中影响消费者的心理感受，他们会从不同的角度关注商品，如图6-46所示。

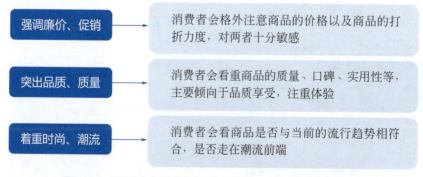

图6-46　不同质感的商品主图对消费者的心理感受的影响

第6章
软文写作：22个技巧，让微商产品营销最大化

以瓷质盘子为例，作为一种注重质感的商品，在图片的设计上更是要格外用心。图6-47所示为三种不同的商品衬托展示。

　　光线偏暗的商品展示　　背景色与产品色接近的商品展示　　质感展示良好的商品

图6-47　三种不同的商品衬托展示

从图6-47上来看，虽然展示的商品都是相同的类型，但体现出来的商品质感却有所不同。关于以上几种商品衬托展示的相关分析，如图6-48所示。

- 第一张效果较差 → 光线偏暗，无法很好地展示商品的质感，从而影响消费者的视觉享受
- 第二张效果一般 → 光线充足，效果比第一张要好，但背景色与商品本身较为接近，无法突出重点和质感
- 第三张效果较好 → 无论是光线还是食物的点缀，都有效烘托出商品的质感，为消费者带来好的视觉体验

图6-48　商品衬托展示的相关分析

专家提醒

相同类型的商品通过不同的方式展示出来，会形成不同的质感，从而也会得到截然不同的销售效果。因此，通过烘托展示，能够让商品主图显得更加有质感，即更富有价值感。

6.3.7　4种构图，寻找合适角度表现微商产品

商品主图在构图上也需要进行认真设计，因为不同的构图方法可以打造不同的视觉关注点，从而形成风格各异的商品气氛，给消费者带来视觉享受。一般来说，可以分为四种构图法，下面进行详细讲解。

1. 分隔构图法

在服装类商品的视觉营销中，运用得比较多的是分隔构图方法。微商采用分隔构图方法时，因为平台页面的限制，为了全面展示商品的面貌，就需要将画面分割成几个部分。图6-49所示为视觉设计中采用的分隔构图法。

图6-49　视觉设计中采用的分隔构图法

这张商品主图运用分隔构图法的主要表现是在画面中将主图分割成两个部分，然后每个部分展示了不同方向的商品，让消费者能够清晰明了地看到商品的特征以及多样性。采用分隔构图法的好处一是可以全方位展示商品的特点，让消费者买得放心，二是可以呈现出产品的不同颜色和款式，从而吸引消费者的注意力。虽然分隔构图法主要用于服装类商品的视觉设计中，但也不排除有别的类别的产品可以采用这种构图法进行展示。

2. 渐进构图法

渐进构图法就是对商品有组织、有顺序地进行排列，比如由大到小、由远及近。这样做的好处有很多，主要体现在三个方面，如图6-50所示。

图6-51所示为商品主图的渐进构图法，立体感和空间感都很明显。

图6-50 渐进构图法的好处

3. 直线构图法

直线构图法能够充分展示商品的种类和颜色，而且可以使消费者更容易在视觉效果上对商品进行比较，对商品的选择也更加多样化。图6-52所示为运用直线构图法呈现的商品主图。

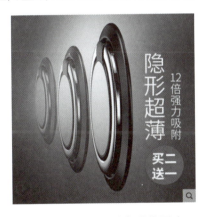

图6-51 商品主图的渐进构图法

图6-52 商品主图的直线构图法

4. 发散构图法

发散构图法一般适用于比较细长的商品类型，其构图优势如图6-53所示。

图6-53 发散构图法的优势

图6-54所示为商品主图的发散构图法，圆珠笔呈发散式向四周扩散，既能够扩展消费者的目光，又可以聚集视觉的焦点。如果想要让消费者注意到商品的品牌，还可以在焦点处放置品牌的标识，以达到宣传推广的作用。

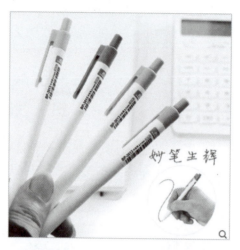

图6-54　商品主图的发散构图法

 专家提醒

当然，商品主图的构图方法数不胜数，随意进入一个微商店铺，搜索任意一个商品，都会发现各种各样的构图方法。如果在进行商品主图的设计时，苦于难以找到合适的构图方法，可以通过关注微信公众号"手机摄影构图大全"学习各类实用性超强的构图技巧以及摄影手法，提升你的构图技能水平，对构图方法进行更加深入的探索。

第 7 章

写作技巧：3大阶段，成功写作优秀微商文案

> **学前提示**
>
> 　　在微商行业中，好的文案是引起客户关注的关键点，在微商行业的各个活动中都有着不可忽视的作用。
> 　　本章主要通过写作入门、产品创新、决胜技巧三个不同阶段的介绍，使微商得以学习如何提升文案写作能力，从而让每个微商都能将文案做得更出彩。

要点展示

 3大方面，了解微商文案的入门技巧

 3个技巧，围绕客户让产品极致创新

 3个方面，特定层次微商的软文决胜技巧

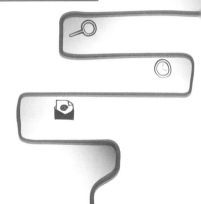

7.1 3大方面，了解微商文案的入门技巧

微商文案的入门技巧是十分丰富的，而营造良好环境、创作优质文案和提炼购买理由更是其中的重中之重。

7.1.1 给客户营造一个良好的购买环境

对于微商来说，各大社交平台的个人主页和发布的内容就是客户的购买环境。微商可以通过发文字、图片、视频来传达自己想要表达出来的一切，塑造一个良好的购物环境。同时也可以通过其他软件将文章、音乐或者其他的东西分享到自己的主页，给自己的主页添加更多的生机。

真正的微商营销并不是强制性地跟客户去交易，强制营销是很令人反感的方式，也很难取得成功。因此要想轻松而成功地把自己的产品卖出去，微商需要给客户营造一个良好的购买环境。针对微商营销，笔者做了一个相关分析，具体如图7-1所示。

图7-1 微商营销的相关分析

微商要想将自己的产品销售出去，首先想着的不应该是去完善文案本身，而是了解主页营销的一些技巧。下面以朋友圈为例进行介绍：当你对朋友圈的基本功能都熟悉了才能真正玩转它，这主要可以从5个方面入手，具体内容如图7-2所示。

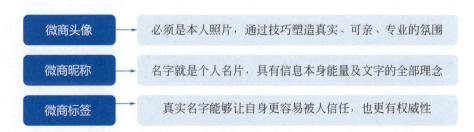

第7章
写作技巧：3大阶段，成功写作优秀微商文案

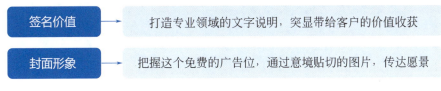

图7-2 微商朋友圈基本功能玩法

7.1.2 5种方法创作意想不到的优质文案

对于很多做微商、开微店的新手而言，羡慕别人的文案出色，可以获得高转发率是很常见的。但从微商文案本身而言，有一些创作的基本方式是可以直接借鉴的，能够创作出一些意想不到的优质文案。下面选择较为常见的5种方法进行分析。

1.表明利益点

无论对于谁而言，实质的利益都是容易被关注的。微商需要的是产品销售，交易成功，而受众需要的就是这个交易本身能够带来的本质实惠，所以微商文案大可在第一句话就直接表明利益点。

2.内容要走心

走心的文案肯定比走形式的文案要有效得多，从受众的角度而言，会更加认可这种产品广告的形式。如果走心的内容获得了受众的支持，那么微商的产品文案也就成功了大半。

3.数字引关注

带有数字的标题往往是最容易吸引人的，原因在于数字的表现形式简单，冲击力强，同时数字的形式能够引起受众的关注。一般情况下，可以从产品好处和数字的结合方式去完成，打造优质标题。

4.营造趣味性

优秀的微商文案总是能够让人时常想起，而营造趣味性就是文案的一个重要手段。通过生动、幽默、诙谐的文字，搭配有意思的图片，创造的效果远比普通的文案要好得多。

5.借力于热点

借助网络的优势，世界上发生的事情都能够很容易被大众所了解。而其

中的一些事件就会成为热点，微商文案可以借助这些热点进行造势，扩大文案的影响力。

7.1.3 提炼微商产品中客户不拒绝的理由

要想让客户毫不犹豫地选择你的产品，爽快付钱，那么你首先得给客户一个非买不可的理由——没有必要的前提下，客户也不会去买这样的产品。这需要从微商自身进行分析，相关内容如图7-3所示。

图7-3　微商自身分析的相关内容

无论是微商还是电商，根本目的是卖出产品，要想提炼出客户不拒绝的理由，需要从多个角度进行分析，首先是强迫创意练习法，这种方式在多种文案环境下都有存在价值。具体的方法就是罗列产品的优势，如图7-4所示。

图7-4　罗列产品的优势

在所有产品的优势之外，还需要注意从客户理性和感性两个方面进行附加分析，其中感性主要是指感情、感觉等方面，理性则是指利益方面。从这些角度进行分析之后，才是从售前服务、售中服务和售后服务这一完整销售流程入手打造理由。

专家提醒

从微商的角度出发,运用上述实用的方法找出自己经营产品的优势是非常简单的,这一做法不仅能让自己对经营的产品有一个更全面的了解和认识,而且会让自己更有勇气、信心去做好产品的宣传,因为找出了产品的特色、优势,自己认可的同时更能说服他人。

7.2 3个技巧,围绕客户让产品极致创新

微商文案在某个方面而言,确实是一种文字的技巧体现,网络上甚至认为微商文案达到了人的欲望顶点。因为这种文案将每个人的创新都发挥到淋漓尽致的程度,为了产品的销售用尽了一切方式。

7.2.1 好奇心:杜绝第一眼失去客户的可能

对于文案而言,大众看到标题会产生第一印象,如果文案标题无法第一时间抓住客户的眼球,就有可能失去客户。吸引客户的好奇心往往就体现在标题打造上,或者是文案正文的第一句话上。

吸引大众好奇心的文案属于趣味文案,与传统的硬性广告相比,趣味营销显然更容易让人接受。在具体的运作中,需要微商自身在营销的价值链中建立有趣味的传播点,可以从8个方面入手,具体如图7-5所示。

图7-5 趣味传播点可入手的8个方面

除了文字可以进行创意设计达到吸引大众的目的之外,对于微商而言,图片也是重要的一个方面。创意图片所带来的吸引力,甚至比文字的力量更

大。同时图片的来源也不限，可以是网络上的创意图片，也可以是其他产品的广告图等。

> **专家提醒**
>
> 成就一篇出彩的趣味型文案往往只需对文字或者图片稍做创新，就可收获不一样的效果。它不需要复杂的文字修饰，更不需要连篇累牍的描述。
>
> 创作趣味型文案对微商这种需要经常活跃在社交平台的职业来说，是避免自己被对方拉黑或者屏蔽的一种不错的选择。同时，多学习成功的趣味性文案，也是提高微商自身的文案创作水平的一种方法。

7.2.2 情感：让产品更容易走进消费者内心

情感营销在诸多营销方式中是使用率极高的一种，而它也用事实证明了其不可比拟的营销价值。绝大部分人都是重感情的，情感最容易打动人，也就容易走进消费者的内心，这也是很多人口中所说的"吃软不吃硬"。虽然营销的目的是为了售出产品，但是微商首先需要做到的是成为被认可的人，其次才是打造被认可的产品。

情感营销的方式也经常被应用于各类广告中。图7-6所示为某第三方支付平台的情感营销广告。

图7-6 某第三方支付平台的情感营销广告

微商利用情感营销方式来销售产品，效果也是非常明显的，具体的内容及作用体现分析如图7-7所示。

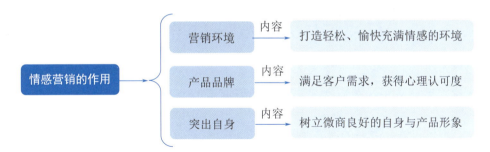

图7-7 情感营销的作用分析

7.2.3 故事：情感注入故事的朋友圈营销

故事营销同样属于微商营销的主流方式之一，主要是指在产品发展到一个比较成熟的阶段时，再采用故事将情感注入产品中，从而打动受众。

这种方式在其他的营销中也时常可以看到，比如南方黑芝麻糊的故事，向人们传播了一个馋嘴男孩和其温柔母亲的故事，从而引出产品的主题，用南方黑芝麻糊来营造温暖氛围，如图7-8所示。

图7-8 南方黑芝麻糊的故事营销打造的产品主题

对于微商而言，很难创造一个单独的故事来突出产品，所以往往都是从自身的角度去加工。比如恋爱、获奖、第一次领到薪水等细节故事，往往能够引起大众的共鸣，而产品信息就通过文字的加工穿插于故事中。

在进行文案创作的过程中，我们还需要注意的一点就是考虑受众的消费阶段，对于那些不了解产品的泛关系受众，重点在于靠产品价值主张的吸引力，像磁铁一样把其注意力抓住。以女性用品为例，如果故事和文案本身足够好，那么即使是男性，也会买回去给自己的女性朋友或者亲戚使用。

7.3　3个方面，特定层次微商的软文决胜技巧

在微商的诸多广告文案中，一定会有文案是表示微商的工作如何轻轻松松地坐在家里，然后就卖出产品获得收益的，尤其是在产品急需销售的时期。

不可否认，微商的形式十分简单，但是只有真正善于运用各类技巧的微商才能够达到这个层次，而不是每个微商都能做到的——微商需要花费大量时间和精力去学习各种技巧，并不断地提升自我。

下面从3个方面具体了解特定层次级别的微商是如何决胜的，具体有哪些决胜技巧把他们与普通微商区别开来。

7.3.1　借力资源，轻松掀起微商平台文案风暴

借力营销，指借助外力或别人的优势资源，以达到自己的营销目的或效果。借力营销对于微商平台而言是司空见惯的，如2018年旅行青蛙这一手机游戏突然火爆，掀起了一场国内各大品牌的文案风暴。这场文案风暴涉及了汽车、旅游、饮料甚至家电行业。图7-9所示为美的空调引用旅行青蛙的借力营销广告文案。

借力营销的效果显而易见，大众喜欢这种形式，商品又能够通过这种形式获得影响力，相关分析如图7-10所示。

图7-9　引用旅行青蛙的借力营销广告文案

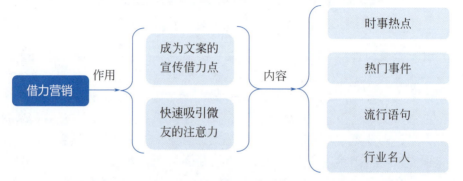

图7-10　借力营销的相关分析

很多网络用语都是因为大众的喜欢而流行起来的，所以借力资源营销时采用网络用语就显得更加亲近受众心理。但互联网发展速度太快，几乎每年都有不同的网络用语出现，单单2018年的网络流行语就不少于十句。所以在进行借力资源营销时，要十分注意网络用语的时效性，尽快地发布以及更新软文。

7.3.2 产品体验，通过自身体验锁定潜在客户

对于大部分微商而言，无法与客户获得长期的稳定交易，更不会形成长期客户，所以需要通过文案体验的方式培养客户，牢牢锁定潜在客户。

产品的质量是微商长远发展的根本，但是文案体验并不是指用产品去获得受众的支持，而是以第一人称的形式在文案中描述产品的效果，从而打动客户。具体的内容分析如图7-11所示。

图7-11 文案体验的内容分析

讲自身的故事，讲身边发生的故事，将产品融入故事中去，这种方式才是体验文案的根本形式。同样有一定的写作侧重点，具体内容分析如图7-12所示。

图7-12 体验文案写作的侧重点分析

7.3.3 3大方面，逐步培养客户的长期支持率

微商早就成了一个行业，以最为常见的食品、面膜类产品为例，竞争者不知有多少，而潜在客户的选择更是五花八门，单只是网络上的购物途径就不低于十种，怎么样让客户只选择你，这是一种微商能力的体现。

需要注意的是，没有一招制胜的微商文案，想通过一篇文案就让客户对你不离不弃，基本上是不可能的，再优秀的文案也无法达到这样的效果。从微商的角度出发，可以从3个方面入手，逐步培养忠实客户，如图7-13所示。

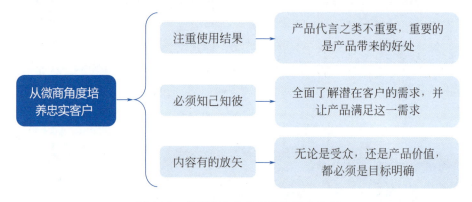

图7-13 从微商角度培养忠实客户分析

要凸显文案的主题重点，吸引客户，培养客户的长期支持率，如图7-14所示。

图7-14 凸显文案的主题重点

微商文案创作是微商活动中的一个部分，能够优先配合创意节奏与营销环节的文案，会给微商营销创造无限价值，实现"一字千金"的目标。要想做一个成功的微商，微商文案的创作能力是必须要具备的，用文字的力量去抓住更多人的眼球、贴近更多人的心灵，从而达到让客户长期支持的目的。

第 8 章

朋友圈营销：18个技巧，助你顺利把产品卖出去

> **学前提示**
>
> 随着微信进入人们的日常生活，微商也随之而来。朋友圈作为微商的主要营销阵地之一，需要微商们掌握一定的营销技巧才可以达到事半功倍的营销效果。本章主要介绍朋友圈营销的18个技巧，帮助微商顺利卖出其产品。

要点展示

- 6大要素，做好朋友圈吸睛设置
- 6大技巧，助你做好朋友圈营销
- 3大方面，维护好朋友圈粉丝
- 3种方式，让微商快速实现变现

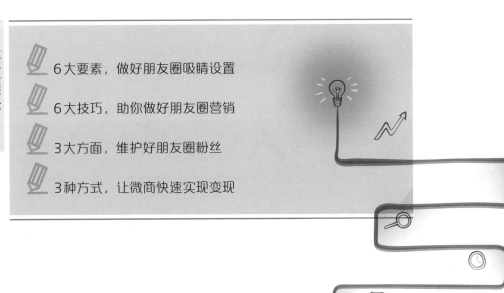

8.1 6大要素，做好朋友圈吸睛设置

想要在朋友圈进行营销推广，就先要塑造自己的形象，包括微信头像、昵称、个性签名、封面、二维码。对这些设置进行优化，都是有利于朋友圈营销的。

8.1.1 微信号：自带广告性质的"身份证"号码

微信号是我们在微信上的身份证号码，具有唯一性，从营销的角度，一定要满足易记、易传播的特点，这样更有利于品牌的宣传和推广。

字母不宜过多，不然在向对方报微信号时容易造成困扰与疑惑，并且微信号中最好可以包含手机号或是QQ号之类的数字号码，好记的同时也方便对方联系。

需要注意的是，微信号的设置必须以英文字母作为开头，而不能以数字作为开头的。接下来为大家介绍几种微信号设置方式，如图8-1所示。

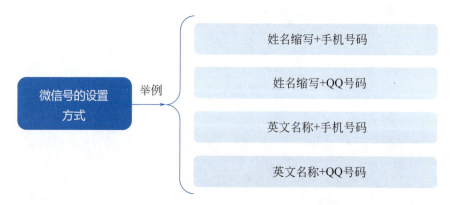

图8-1 微信号的设置方式举例

图8-2所示为某微商的朋友圈发文和微信号。其头像、昵称和微信号都是相互呼应的，不仅容易记，也容易传播，相当于自带广告属性。

图8-2微信号非常直白，就是微商产品种类的英文。大家可以借鉴一下，将自己的微信号简化，带上微商的品牌名称或者产品信息，方便他人记忆时又添加了一个新的广告位。

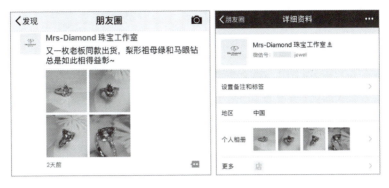

图8-2 某微商的微信号展示

8.1.2 昵称：打造一个得体而又有特色的名称

纵观微信界面，昵称可谓多种多样，风格不一。图8-3所示为常见的微信号昵称类型与含义介绍。

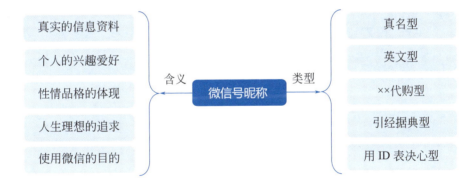

图8-3 微信号昵称的类型与含义介绍

基于图8-3中众多的微信号昵称含义和取名类型，可以设置不同的昵称。在朋友圈里，拥有一个得体又很有特色的昵称是非常重要的。对普通人来说可能这个昵称无关紧要，只要自己高兴便好，但对于微商来说，就要仔细斟酌，再三考虑。因为微商有着自己不同的目标，要给好友呈现出独特的理念才行。因此，微商的昵称一定要有很高的识别度，总体要考虑两点：易记、易传播。

下面介绍微信昵称的设置方法。

步骤 01 打开微信，进入"我"界面，❶点击"微信号"按钮，如图8-4所示；进入"个人信息"界面，❷点击"名字"按钮，如图8-5所示。

步骤02 进入"设置名字"界面，❶输入想好的名字；❷点击"完成"按钮即可，如图8-6所示。

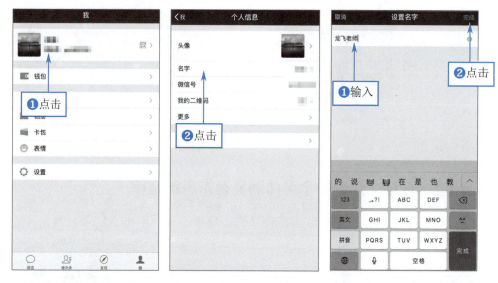

图8-4　点击"微信号"按钮　　图8-5　点击"名字"按钮　　图8-6　"设置名字"界面

只有注意微信昵称起名的主要因素，把握好起名要点，才能起个满意的微信昵称，如图8-7所示。

图8-7　微信昵称起名的主要因素

在微信起名的时候一定要避开一些微信昵称起名误区，如图8-8所示。

图8-8　微信昵称起名误区

说了这么多的要点，其实还是建议微信要起个简单好记的昵称，主要有两点好处，如图8-9所示。

图8-9 设置简单好记昵称的好处

其实使用自己的真名对于增加粉丝信任度是很有帮助的，因为自己的银行卡和支付宝账号都是实名制，用户看到的是真实名字，会产生好感。如果不想让自己的名字弄得众人皆知，可以使用自己的小名，也不失为一个好方法。

8.1.3 头像：朋友圈引人注目的第一广告位

现在都讲视觉营销，也讲位置的重要性，而微信朋友圈首先进入大家视野的就是微信的头像，可以说，这小小的头像图片，却是微信最引人注目的第一广告位，我们一定要用好，不要浪费了！

在笔者的微信朋友圈里有几千个朋友，我对他们的头像进行了一个分析总结，普通人的头像以两种图片最多：一是自己的人像照片，二是拍的或选的风景照片。但是侧重营销的人，即使用人物，也要更上一层楼，以下三类照片用得多：一是自己非常有专业范的照片，二是与明星的合影，三是自己在重要、公众场合上的照片。

不同的头像，传递给人不同的信息。注重营销的朋友，建议根据自己的定位来进行设置，可以从这几个方面着手，如图8-10所示。

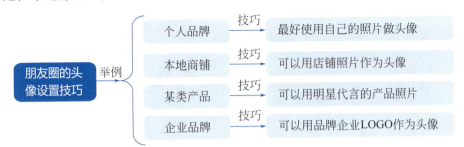

图8-10 朋友圈的头像设置技巧

设置头像的方法非常简单，下面详细讲解一下。

步骤01 打开微信，进入"我"界面，❶点击"微信号"按钮，如图8-11所示；进入"个人信息"界面，❷点击"头像"按钮，如图8-12所示。

图8-11 点击"微信号"按钮

图8-12 点击"头像"按钮

步骤02 ❶点击"个人头像"界面右上角 ⋯ 按钮,会弹出各种选择,用户可以选择"拍照",还可以从手机相册选择,如图8-13所示;拍好或选好照片,按提示操作完成之后,❷即可得到设置好的头像效果,如图8-14所示。

图8-13 "个人头像"设置界面

图8-14 设置好的头像效果

用户参照以上方法，可以将头像换成对自己营销最为有利的各种图像。但切记，一定要让对方感到真实、有安全感，这样对方才会更加信赖自己。毕竟，微商拥有了客户的信任，才是营销好的开始。

8.1.4 个性签名：自身性格与能力的最直接体现

个性签名是向对方展现自己性格、能力、实力等最直接的方式，所以为了一开始就给客户留下一个好印象，我们应该重点思考如何写好个性签名。取什么样的个性签名，取决于我们的目的——是想在对方或客户心里留下一个什么印象，或达到一个什么营销目的，然后再提炼展示我们的产品、特征或成就，如图8-15所示。

图8-15　个性签名介绍

一般来说，不同用户个性签名的设置大概有以下三种风格。

1. 个人风格

这是个性签名中最常见的风格。选择此种风格的用户会根据自己的习惯、性格特征、喜欢的好词好句等来编写个性签名。一般来说，微信的普通用户都会选择这种风格作为自己的个性签名，如图8-16所示。

图8-16　个人风格式的个性签名

2. 展示成就

使用这个风格个性签名的用户，一般都会带有一定的营销性质，但他的身份很少会是直接的销售人员，作为创作人员的可能性更高一些，但他绝对也是销售与宣发环节不可缺少的一员，如图8-17所示。他们并不直接对外销售，也就是说，交易的直接过程他们并没有参与，可是他们同样也提供营销与广告宣传，因为他们是整个销售过程的一个环节。

3. 介绍产品

这种方式可以说是销售人员最常用的方式。他（她）采取最简单粗暴的方式告诉客户他（她）的营销方向与内容，如图8-18所示。

图8-17 成就展示式的个性签名

图8-18 产品介绍式的个性签名

除了介绍店铺以外，还可以直接介绍他所销售商品中的明星产品，一般来说都是知名度比较高的产品。

在添加好友的过程中，个性签名十分重要，好的签名能使对方留下深刻的印象。接下来为大家介绍设置个性签名的步骤。

步骤01 首先进入"我"界面，❶点击"微信号"按钮，如图8-19所示；进入"个人信息"界面之后，点击"更多"按钮；进入相应界面，❷点击"个性签名"按钮，如图8-20所示。

步骤02 进入"设置个性签名"界面，❶在编辑栏中输入个性签名；输入完成后，❷点击"完成"按钮，如图8-21所示；❸设定成功后效果如图8-22所示。

第8章
朋友圈营销：18个技巧，助你顺利把产品卖出去

图 8-19　点击"微信号"按钮

图 8-20　点击"个性签名"按钮

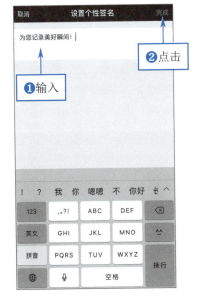

图 8-21　进入"设置个性签名"界面

图 8-22　设定完成效果图

8.1.5 封面：完美布局充分展现广告位更大价值

从位置展示的出场顺序，如果说头像是微信的第一广告位，这话不假。但如果从效果展示的充分度来说，主题图片的广告位价值更大，大在哪？大在尺寸，可以放大图和更多的文字内容，更全面、充分地展示我们的个性、特色、产品等，完美布局。

微信的主题照片，其实是头像上面的背景封面，下面给大家看看，做得比较好的效果案例，如图8-23所示。

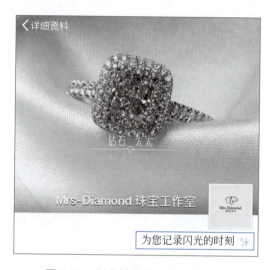

图8-23　制作精美的主题照片示意

微信的这张主题照片，尺寸比例为480×300左右，因此大家可以通过"图片+文字"的方式，尽可能地将自己的产品、特色、成就等，完美布局，充分展示出来。

专家提醒

大家可以自己用制图软件去做，也可以去淘宝网搜索"微信朋友圈封面"，已经有专门做广告的人为大家量身定制这个主题广告照片了。

更换主题照片的方法很简单，具体步骤如下。

步骤01 在"发现"界面，❶点击"朋友圈"按钮，如图8-24所示；进入"朋友圈"界面，❷点击背景照片，在下方弹出相应窗格；❸点击"更换相册封面"按钮，如图8-25所示。

第8章
朋友圈营销：18个技巧，助你顺利把产品卖出去

步骤02 进入"更换相册封面"界面后，❶点击"从手机相册选择"，如图8-26所示；选择一张合适的照片，封面便设置完毕，❷效果如图8-27所示。

图8-24　点击"朋友圈"按钮

图8-25　朋友圈界面

图8-26　点击"从手机相册选择"按钮

图8-27　设置完毕效果图

8.1.6 二维码：合适方式激起人们关注并主动扫码

二维码样式也是多种多样的，于朋友圈营销人员而言，选择一个合适的、能够吸引人们关注并激起人们的新鲜感主动扫码的样式，是很有必要的，首先要知道如何找到二维码，步骤如下。

步骤 01 打开微信，进入"我"界面，❶点击"微信号"按钮，如图8-28所示；进入"个人信息"，❷点击"我的二维码"按钮，如图8-29所示。

图8-28 点击"微信号"按钮

图8-29 点击"我的二维码"按钮

步骤 02 进入"我的二维码"界面，❶点击右上方■■■按钮，如图8-30所示；显示更多操作，❷点击"换个样式"按钮，如图8-31所示，即可更换成不同样式的二维码。

更换二维码样式，可以选择多种二维码形态，更加生动、有趣，不再呆板，可以激发好友的添加欲。二维码的更多样式，如图8–32所示。

第8章
朋友圈营销：18个技巧，助你顺利把产品卖出去

图 8-30　点击右上角按钮

图 8-31　点击"换个样式"按钮

图 8-32　二维码的更多样式

在微信朋友圈里，很多微商在宣传自己的产品，或是要朋友帮忙宣传的时候都会附上一张二维码照片，以更方便添加，如图3–33所示。

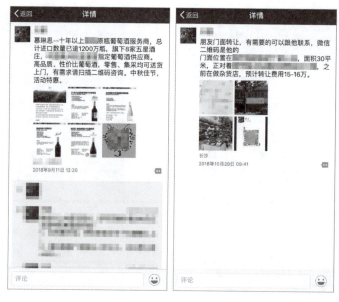

图8-33　朋友圈里附上二维码照片

8.2　6大技巧，助你做好朋友圈营销

在朋友圈的营销过程中，如何将商品描述得准确得体又能引人注目，是一个贯穿销售过程的重大问题，它决定着销售的整体水平。本节主要介绍朋友圈的营销技巧，让微商的业绩步步高升。

8.2.1　发文：重要信息放最前面

在微信朋友圈营销的文章当中，除了要有一个新颖、吸引人的主题以外，还需要有一个让人感兴趣的开头。其实写营销类的文章有一点像记者写新闻，应该采取"开门见山"的方法将重点内容归纳在主旨句——也就是第一句里。

一来防止有些读者在读到重点之前失去耐心。至少"重点前置"可以保证他们顺利了解整篇文章的中心思想，无论有没有将文章读完。二来列举出全文的重点也可以引起读者的兴趣。其实不仅仅是整篇文章，每一段最好都能采取这种办法，将段落重点提炼出来放在第一句里，以方便理解和阅读。

微商们平时在写作时，应该有意识地先去用一句话总结接下来要写的段落,再根据这句话进行延伸,完善文章。倒也不是说一定每一次写文案时都需要这么刻意地去提炼,只是练习做多了之后,就会慢慢养成这种习惯,培养一个比较顺畅的逻辑思维能力。其实写文案并不是在进行文学创作,不需要那么一板一眼地死抠句子和词汇。只要能够做到简洁、流畅、一目了然就很好了。

8.2.2 图片:九宫格数量最符合审美

在朋友圈文案的编写中,除了需要图文并茂以外,还要注意的是,张贴图片同样也有一些技巧。比如,贴多少张图合适?一般来说配图最好是一张、两张、三张、四张、六张、九张这几个数字。当然,如果可以,九张在营销过程中还是最讨喜的。九张照片在朋友圈中会显得比较规整一些,版式也会更好看。关键是说服力更强,可参考的依据更多。

图8-34所示的朋友圈发文信息中,图片都贴成了九宫图的样式,很好地体现了图文的丰富性,提高了文章的可阅读性。

图8-34 朋友圈发文九宫图的样式

8.2.3 转载1:公众号文章精准营销月入3万元

平时在刷朋友圈时,除了个人编辑的内容以外,商家们还能看见许多被分享至朋友圈的链接。一般来说，由公众号分享过来的内容是最多的。有的人靠微信朋友圈发家致富，有的人则依靠微信公众号销售产品，微商、网红、自明星们可以将公众号的文章转载至朋友圈，扩大产品营销力度。

一位名为"哈爸"的中年男子余春林就是依靠微信公众号以及腾讯媒体开放平台打下了月入3万元的成绩。余春林是一个自明星，他运营着"哈爸讲故事"微信公众号，如图8-35所示。

图8-35 "哈爸讲故事"微信公众号

想要销售产品，第一步就是引流，余春林在"哈爸讲故事"微信公众号上通过发布绘本、育儿的软文信息内容吸引了一大批粉丝和读者，有了粉丝后，余春林就开始销售自己的产品了，他通过微店开店的方式在朋友圈里进行了精准营销，同时通过一系列的促销打折活动，轻轻松松就创造了日销3万元的销售奇迹。

余春林能够成功的原因在于他抓住了家长们的心理需求，通过一系列的绘本分享和育儿教育的相关内容，采用图文并茂的形式将软文推送出去，成功地走进了家长们的心，在亲子教育这一块引起了共鸣，这就是典型的情感软文营销方式。下面介绍将公众号文章转载至微信朋友圈的具体操作方法。

步骤01 打开公众号的文章列表，点击右上角的"设置"按钮，如图8-36所示；弹出相应面板，点击"分享到朋友圈"按钮，如图8-37所示。

第8章
朋友圈营销：18个技巧，助你顺利把产品卖出去

图 8-36　点击"设置"按钮

图 8-37　点击"分享到朋友圈"按钮

步骤 02　进入文章编辑界面，❶在文本框中输入相应的文本内容；❷点击"发表"按钮，如图8-38所示。

步骤 03　执行操作后，即可将微信公众号中的文章转载至自己的朋友圈中，如图8-39所示。

图 8-38　点击"发表"按钮

图 8-39　将文章转载至朋友圈

8.2.4 转载2：新媒体平台内容提升产品热度

转载，是朋友圈营销中的常见方式。朋友圈营销者可以通过转载新媒体平台内容的方式，发表自身看法，输出与产品相关的信息来获取关注与赞赏，进一步提升产品热度。各大新媒体平台都已经开通转载功能，可以快速将内容转载至朋友圈。下面以微博为例，详细介绍如何寻找相关的内容并将其转载至朋友圈。

步骤 01 打开微博APP，点击下方菜单栏的"发现"按钮，进入微博"发现"页面，如图8-40所示；在上方搜索栏中输入产品种类，例如面膜等，如图8-41所示。

图8-40 进入微博"发现"页面

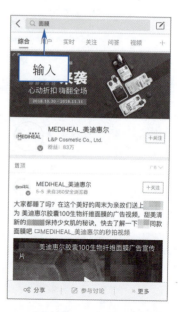

图8-41 在上方搜索栏中输入产品种类

步骤 02 选择相关信息的微博并点击，进入到"微博正文"页面，如图8-42所示；在微博正文的底部有"分享到"，点击"朋友圈"标识按钮，如图8-43所示。

步骤 03 ❶输入与分享文章相对应的信息，❷点击右上角的"发表"，如图8-44所示；即可成功转载新媒体平台内容到朋友圈，如图8-45所示。

第8章
朋友圈营销：18个技巧，助你顺利把产品卖出去

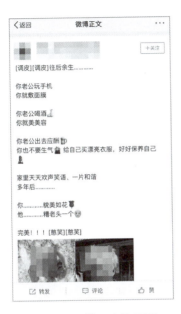

图 8-42 "微博正文"页面

图 8-43 点击"朋友圈"标识按钮

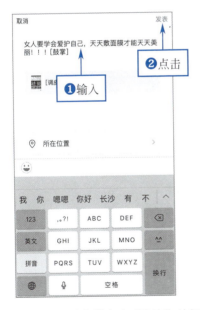

图 8-44 输入信息并点击"发表"按钮

图 8-45 成功转载到朋友圈

8.2.5 晒单:激发客户购买微商产品欲望

微商在公众号、朋友圈、微信群或者微博中进行产品营销活动推广时,除了发布相关的产品营销软文以外,还需要配上产品的图片和基本信息,为了让顾客信任,也可以晒一些成功的交易单或者好的评论,但是有两个问题在晒单过程中值得我们注意,那就是适度和真实。

1.适度营销

在晒单的过程中必须要适度,因为不管在哪个营销平台中,无谓的刷屏是人们十分抗拒的,所以万万不能犯了这一营销大忌。但对于微商来说,晒单其实是非常有必要的,任谁看到大量的成交量都会对商品本身产生心动和行动,所以这一点上我们需要把握好尺度。

2.信息真实

必须要显示真实的信息,我们必须将所有真实信息展现给好友们看,以诚信为本,否则会让消费者觉得我们不真实,从而产生排斥的情绪。

下面以发布的晒单信息为例,以图文并茂的方式进行微商产品的营销推广,如图8-46所示,这样能吸引一部分消费者前来光顾。

图8-46 朋友圈微商发布的下单信息

第8章
朋友圈营销：18个技巧，助你顺利把产品卖出去

从营销角度来说，适度地晒一些交易记录之类的营销信息，可以大大地刺激消费。那么晒交易单究竟有些什么好处呢？在笔者看来，适度的晒单可以让买家们放心，增强买家对微商的信任感，还可以吸引客户的好奇心，对产品产生兴趣。

关于晒单还有一个小妙招：在一张照片中，微商可以放上几个快递单，并且将它们叠加起来再照相，并且强调，这是一天或是两天里发出的产品。这样就会让消费者们觉得，这家店的产品是真的特别受欢迎，自己也想尝试购买品尝一下，可以在某种程度上推动销量。下面介绍如何上传晒单照片到朋友圈的操作方法。

步骤01 进入微信朋友圈，❶点击右上角的"相机"图标，弹出列表框；❷选择"从手机相册选择"选项，如图8-47所示。

图8-47 进入"相机胶卷"界面

步骤02 执行操作后，进入"相机胶卷"界面，❶选择需要上传的照片，❷点击"完成"按钮，即可将2张照片上传至文章编辑界面；❸在上方文本框中编写好微商软文内容，编辑完成后，❹点击右上角的"发表"按钮，如图8-48所示；执行操作后，即可在朋友圈中发布晒单照片。

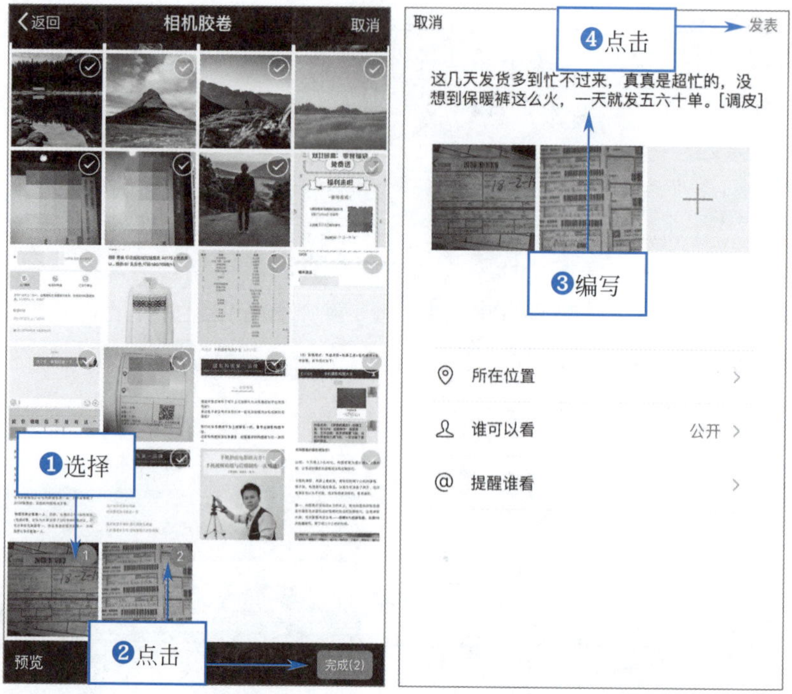

图8-48　朋友圈晒单发表操作

8.2.6　晒好评：放大营销的最有力的声音

在进行微商营销的过程中，除了需要发表产品的文字与图片以外，为了让顾客更信任微商的产品，还需要把好评拿出来"晒一晒"。通常来说，提到"好评"，我们立马就会想到淘宝，但是对于微商行业而言，就不完全是针对这一块儿了。我们微商晒好评渠道，主要体现在以下两点，如图8-49所示。

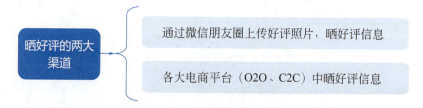

图8-49　晒好评的两大渠道

接下来给大家介绍微商在这两大平台晒好评的一些详细内容。

第8章
朋友圈营销：18个技巧，助你顺利把产品卖出去

1.微信朋友圈

如今微信已成为国内最大的社交软件，我们的消费者会通过微信平台向微商咨询相关的产品信息，有时候买单也会通过微信支付，有些消费者也会在微信中对我们的产品进行认可、表扬，我们商家可以将这些信息进行截屏操作，然后将评价晒到各大网络社交平台。

图8-50所示为两组微信对话形式的好评，微商们可以将这些好评信息通过截图的方式存入手机照片库，然后再发表到朋友圈和各大社交平台。

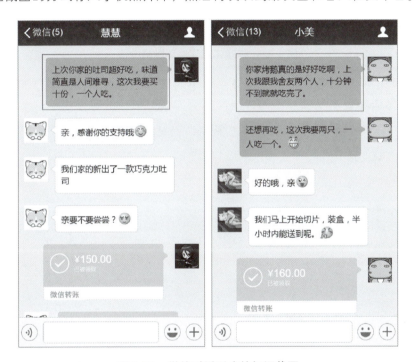

图8-50　微信对话形式的好评截图

2.电商平台

在微店、淘宝、当当、美团等O2O、C2C的电商平台中，买家的评价十分重要。如果我们将晒好评比喻成"晒谷子"，那么微信的"晒"是掌握在自己手里的，而电商平台就是大家一起晒。我们优缺点一起分析，电商平台的好评对比微信朋友圈好评，前者影响力大过后者，但缺点是互联网时代的公开透明性，一旦出现差评，前者一般情况下难以清除，从而给微商们带来同样巨大的负面影响。

下面以图解的形式介绍打造良好评论环境的方法，如图8-51所示。

```
                          ┌─ 在线上的电商平台中，努力打造0差评的评论区
                          │
                          ├─ 对于不满意的客户，微商要给予安抚和售后服务
   打造良好的评
   论环境        ─────────┤
                          ├─ 对于极端客户想办法不让其线上支付从而产生评论
                          │
                          └─ 多策划"给好评"优惠福利方案，如好评返现等
```

图 8-51　打造良好评论环境的方法

微商们平时就可以将这些电商平台中的好评信息的图片截取存下来，在淘宝、微店中售卖某款产品时，在产品的详情介绍中就可以附上这些好评信息，让买家更加放心，如图 8-52 所示。

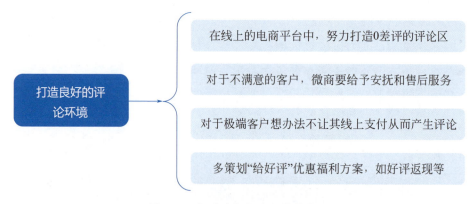

图 8-52　电商平台中的好评信息

微商们还可以将这些好评信息转发至微信群、QQ群等社交平台中，扩大产品的品牌知名度。在微信朋友圈中晒好评的方法与上一个实例中晒单的操作方法是一样的，这里不再重新介绍。

8.3 3大方面,维护好朋友圈粉丝

很多微商可能会将重点放在如何发掘新客户、怎样让购买潜力变为实际购买力的问题之上,却忽略了对已添加的客户关系的维护与发展,使得很多潜在客户大量流失。虽然通过不断地宣传与推广,可以增长不少的粉丝数量。

可是,微商们必须意识到的是,现有粉丝的数量也可能会大大减少。这样下去,整个营销过程只会陷入恶性循环当中,不仅对销售业绩没有任何好处,还有可能因为要支出大量的推广费用而造成一部分的损失。长此以往,企业与个人的长期发展也会受到不少影响。

因此,不论是微商、网红,还是自明星们,都需要对粉丝进行维护,与老顾客多沟通感情、沟通产品,以及相关的售后使用心得等,让他们觉得自己被重视。

8.3.1 联系老客户:才能拉动店铺的销售总量

很多商人在商品销售过后就当上了甩手掌柜,再也不去关心老顾客的感受。可其实只要老客户对产品满意,成为回头客的可能性是十分大的,所以微商们应该尽力去维系与老客户之间的关系。

为了维持生意的长远发展,微商们一定要注重与老客户之间的关系,不断挖掘他们的潜在价值,拉动店铺的销售总量。多与他们在朋友圈里互动,多去关心并且主动问候他们,与这些客户建立一个比较稳定且良好的关系。

维护与老客户关系有哪些好处呢?如图8-53所示。

图8-53 维护与老客户关系的好处

下面为大家详细分析以上几点。

1.降低发展客户的成本

一般来说，发展一位新客户比巩固老客户的投入大得多，不管是资金方面还是精力方面。而且就算争取到了新客户，从打好关系、跟踪调查、推荐商品种种过程来看，要从新客户身上赚到产品利润，也得花上差不多小半年的时间。所以去巩固与老客户的关系，不仅仅能够节省时间，还能降低发展客户的成本。

2.老客户会介绍新客户

老客户不仅仅能够给企业带来生意，还可以带来更大的盈利方式，那就是介绍新客户。一般来说，普通人如果有很相信的一个品牌，而他身边的朋友亲人又刚好在为某商品发愁的话，老顾客都会将自己熟悉并且信任的推荐给对方。在推荐的过程中，为了使自己的话更有可信度，他们往往都会详细地介绍商品和企业的信息，这样一来还能够帮助商家节省了介绍的一步。

根据数据调查显示，一般企业客户中，60%都是来源于老客户的介绍，这一数据充分显示了老客户的重要性。

3.提高企业营业利润

由于老顾客都非常相信企业的产品品质，这也使他们在购买的过程中很少迟疑并且会不断选择其他的产品进行尝试。一般来说，老顾客的忠诚度提高5%，整个公司的利润率会上升25%左右。可以看出，企业大部分的盈利都是由老客户带来的。

4.推销成功率比较高

还是由于顾客对商家的信任，所以当商家给老客户们推荐新上的商品或是别的一些商品时，老客户只要还需要这些商品，接受推荐的概率大概为50%。如果是给新客户推荐商品，由于他们对商家并不是知根知底，先前也没有用过这些商品，一般接受的可能性也就是15%左右。

综上所述，微商们应该多拿出一些时间来正确对待老顾客，给他们更好的售前售后服务，将他们身上还未挖掘的购物潜力全部激发出来，这才是正确的营销方式。

8.3.2 进行回访：才能解决问题并增加下单率

不论是新客户还是老客户，只要是对我们的产品有意向或者感兴趣的，我们日常都要多进行回访。对于新顾客，多回访可以增加他们的下单率；对于老顾客，多回访可以表现出对他们的重视，让他们觉得自己有存在感，发挥老顾客的消费潜力。

由于微信好友的庞大数量，以及工作强度的日渐增加，经营当中难免会遇到一些大大小小的问题，店家受到用户的抱怨也是在所难免的。在这种情况下，微商们应该重视客户的每一次反馈，并且用心倾听他们所提出的问题与建议，然后多进行回访，如图8-54所示。

图8-54　学会倾听并耐心回访顾客信息

对客户进行回访时，会收到客户不同的问题，这些问题能不能得到系统地解答和解决，是决定客户是否要继续信任这一家店铺的基本评价标准。所以，微商们应该认真对待客户的每一次反馈，并将这些内容分门别类，具体问题具体分析，仔细地去解决所有的意见。

一旦商户没有将客户提出的问题处理得当或是压根儿就没当作一回事，这样的情况就会使店铺损失一部分客户。星星之火，可以燎原，总是因为忽略问题而损失客人，自然最后生意就只能以失败告终了。

所以为了防止这种场面的出现，商户们应该从源头制止各种不让客户满意的问题，用心聆听对方的意见，认真对待每一份反馈信息。

8.3.3　利益绑定：将优质客户发展成代理商

微商可以将自身利益与客户利益绑定在一起，如此一来，既顾全了眼前的利益，更是为长远的粉丝维护打下了基础。如果过度关心眼前利益，急于求成，而忽视了与客户利益绑定，势必将影响粉丝维护，反而因小失大，甚至有可能失去这个客户。

对于微商来说，营销产品之前需要好好维护朋友圈粉丝，等有了信任感之后再慢慢将客户发展成代理商。虽然过程可能曲折一点，但是效果绝对是值得等待的。

在这里，笔者跟大家分享一个小技巧。微商可以把优质客户集中起来，建立一个微信群，以朋友的方式去进行高频率互动，这样会让每个客户都更了解你，更能维护好朋友圈粉丝。而且每一个优质客户背后都有一个潜在的客户群体，发展成代理商的优质客户也会主动转发微商发布的产品信息到朋友圈。

8.4 3种方式，让微商快速实现变现

新媒体时代将人们的生活带入了一个新阶段，朋友圈的营销也渐渐进入了一个全盛的时期，对于微商、网红、自明星运营者来说，微信运营的最终目的是赚取利益，实现品牌变现。因此，掌握多种赚钱的模式是必不可少的。

8.4.1 发展代理商：让更多的人成为产品的推广者

微商是营销的一种渠道，而微商发展代理商，是指通过代理商来打理微商的生意，代理商赚微商的代理佣金。如果将微商比作一个企业，那么代理商就是企业中的销售员，销售员越多，产品的销量就越高，利润就越大。

微商选择好一款产品后，要通过不同的媒体平台不断地吸粉引流，然后每天都在朋友圈晒一晒收益、客户转账之类的图片，这样能很快地吸引其他的代理商帮你卖产品。只要微商的产品质量过硬、口碑好，就会有很多的人愿意在朋友圈代理你的产品，帮你销售产品。对于微商而言，发展代理商是一种极佳的变现方式，能够让更多的人成为产品的推广者。

图8-55所示为微商在朋友圈发布招代理商的信息，有些是在正文中说明招代理商，有些是在地址栏中显示招代理商，而且朋友圈招代理商的门槛极低，只要你有营销、赚钱的欲望，也愿意付出努力，你就可以成为朋友圈的代理商。

第8章
朋友圈营销：18个技巧，助你顺利把产品卖出去

图8-55 微商在朋友圈发布招代理商的信息

8.4.2 批发式营销：购买力度大的微商变现方式

在朋友圈从事微商的工作，比开实体店的利润要高，毕竟节约了很多硬性开支，如门店租金、店铺装修、人力成本等，所以朋友圈的产品价格也非常实惠，同品牌、同质量的产品，朋友圈的性价比会更高一点。

因此，微商品牌做得比较好的话，就会有很多其他的微商、微店或淘宝店主找微商拿产品，一拿就是几十件甚至几百件，而且还是长期客户。这种批发式购买力度是非常大的，所以批发式营销也是微商变现的渠道之一。

8.4.3 打造成网红：利用超高人气和粉丝变现

通过其他新媒体平台、短视频平台等，将自己打造成网红，不断地吸粉引流，当粉丝达到一定数量时，建立自己的产品或品牌，将粉丝引入微信平台，通过微信朋友圈、淘宝店、线下实体店等，疯狂推广自己的产品或品牌，打造粉丝经济赚取资金。

某明星有段时间的人气并不是特别高，那段时间他在媒体平台中通过写段子，疯狂积累人气和粉丝，当粉丝达到一次数量后，他开始建立自己的男装品牌，利用超高的粉丝和人气，为品牌宣传、买单，这是网红模式最好的案例。

第 9 章

朋友圈引流：25个技巧，要有财气先旺人气

> **学前提示**
>
> 人即入口，微信朋友圈的营销入口其实就是粉丝入口、人流入口。微信粉丝越多，微信的流量就会越高，流量越高，朋友圈营销自然就有了入口。因此，微商想利用朋友圈营销实现销售，就需要掌握朋友圈引流的各种方法来增加粉丝，让更多人看到你的朋友圈。

要点展示

 12种方式，利用微信功能引流

 其他方式，扩大朋友圈引流途径

第9章
朋友圈引流：25个技巧，要有财气先旺人气

9.1 12种方式，利用微信功能引流

行业不同，服务的对象和经营的范围以及产品就会不同。微信营销者想要成功地在朋友圈发展自己的企业和商店，除了要拥有一个巨大的人流入口，还需要有更精准的人流入口带动销售。下面笔者介绍如何精准有效地吸引人流，提高销量。

9.1.1 通讯录：运用好我们最好的人气资源

在这个以手机为主要通信工具的时代，手机通讯录就相当于人的社会关系的一个缩影。它是人的各种社会关系的具体表现，里面有亲人、好友、同学、领导、同事、客户等。小的有几十个，基本上都有上百个，就拿笔者为例，目前就有929人，如图9-1所示。人际关系如果发达的，估计有上千人。

特别是使用同一个手机号越久的人，里面储存的人际资源就越多。俗话说：创业需要第一桶金，而在如今人气就是财气的网络时代，我们需要第一桶"人气"，而最好的人气资源就是我们的手机通讯录。因为手机通讯录里面的人，我们基本上知根知底。这样就可以很好地根据自己营销的需要进行分类、标注，发送针对性的信息，实现用户群体、品牌建设和产品推广的精准营销。

图9-1 笔者手机通讯录人数

如果用户手机中有许多通讯号码，此时可以通过微信服务插件，将通讯录中的号码全部添加至微信列表中，使其成为微信朋友圈中的一员。下面将进行具体操作步骤介绍。

步骤01 打开微信，进入微信主界面，❶点击右上角的"加号"按钮；❷在弹出的列表框中选择"添加朋友"选项，如图9-2所示，进入"添加朋友"界面；❸选择"手机联系人"选项，如图9-3所示。

步骤02 进入相应页面，此时系统将自动获取手机通讯录的朋友，未添加微信好友的右侧，会出"添加"字样，❶点击"添加"按钮，如图9-4所示，进入"朋友验证"界面；❷输入验证信息；❸点击右上角的"发送"按钮，

如图9-5所示,提示信息发送成功,待对方确认后,即可添加成功。

图9-2 选择"添加朋友"选项

图9-3 选择"手机联系人"选项

图9-4 点击"添加"按钮

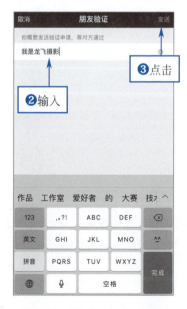

图9-5 "朋友验证"界面

9.1.2 附近的人：利用地理环境网络周围人气

"附近的人"是微信里面的一项功能，与摇一摇很相似，就如同它的名字一样，指搜索附近的人，系统除了显示附近用户的姓名等基本信息外，还会显示用户签名档的内容。微商也可以用这个来进行引流、吸粉，下面就介绍用"附近的人"进行引流的方法。

进入微信下方的"发现"界面，点击"附近的人"按钮，如图9-6所示；进入页面后，就会自动显示距离较近的人，微商就可以和他们打招呼了，如图9-7所示。

如果运营人员的目标用户是女性群体，可以选择"只看女生"；如果面向的是男性群体，则可以选择"只看男生"；不限制搜索群体则可以点击"查看全部"按钮。

"附近打招呼的人"是对方已给你发了微信信息的人，如果不想查看"附近的人"，也不想被别人查找到时，点击"清除位置信息并退出"即可，如图9-8所示。

图9-6　点击"附近的人"按钮

图9-7　"附近的人"页面

图9-8　点击"清除位置信息并退出"按钮

9.1.3 现实资源：让朋友的朋友成为你的朋友

我们在现实生活中都有好朋友，运营者可以通过添加现实好友的方式增加自己的微信好友数，这样添加的好友质量都是非常高的；另外，也可以让这些好友多多推荐自己，利用熟人效应，使朋友的朋友成为自己的朋友。不过为了自己账号的安全，一定要记得开启手机安全防护功能，使用腾讯手机管家避免因为频繁加人，导致被盗号，具体操作步骤如下。

打开手机微信，选择"我"选项；进入相应页面，点击"设置"选项里面的"账号与安全"按钮；进入"账号与安全"界面，❶点击"更多安全设置"按钮，进入相应界面；❷点击"手机安全防护"按钮，进入"手机安全防护"页面；❸点击"下载手机管家"按钮，即可下载腾讯手机管家，如图9-9所示。

图9-9 开启"账号保护"的操作

除了开启手机安全防护功能之外，微信的"声音锁"新功能也能有效地预防被盗号的危险，通过识别声音来登录微信。在"账号与安全"界面，点击"声音锁"按钮，进入"声音锁"界面后按照操作即可开启声音锁，如图9-10所示。

第9章
朋友圈引流：25个技巧，要有财气先旺人气

图9-10　开启"声音锁"操作

9.1.4　发红包：利用利益引导更多人加入

"红包"在近年来相当火爆，微信的红包功能也是瞬间就引爆了微信群，这便给微商提供了一招绝妙的引流方法，具体如下。

使用微信的"发起群聊"功能邀请好友发起群聊（群聊名字可以自行编辑），如图9-11所示。

图9-11　使用微信的"发起群聊"功能

然后发一个红包，让朋友邀请他的朋友，以达到推广公众号的目的，具体如图9-12所示。

图9-12　发红包推广公众号

9.1.5　丢骰子送礼品：基于朋友引入扩展资源

这个方法和发红包引流的原理一样，都是将人脉资源的扩张建立在朋友的引入上，下面简单说说具体的操作步骤。

（1）第一步创建一个微信群。
（2）第二步拉好友进来，并设立丢骰子的游戏规则。
（3）让好友拉一部分人进来一起玩游戏。
（4）将好友拉进来的人变为新的人脉资源。

9.1.6　摇一摇：利用好奇心交到更多朋友

"摇一摇"是微信里一个很有趣味的交友入口，它是人们进行网上聊天和交友的利器。微信营销者可以通过"摇一摇"的方式来利用这部分人的好奇心与交友欲，将产品宣传出去。具体吸粉步骤如下：进入微信下方的"发现"界面，❶点击"摇一摇"按钮，进入到"摇一摇"界面后，❷点击"人"按钮；摇一摇手机即可搜索到此时一起玩摇一摇的人，如图9-13所示。

图9-13 "摇一摇"功能操作

9.1.7 雷达加友：面对面加好友引流

雷达加朋友是微信中添加好友的一个入口，当微商在参加饭局、户外活动等聚会时，如果都使用扫码或搜号的方式来添加好友，效率会很低，有时还会很尴尬。所以，微商可以用"雷达加朋友"的添加好友方式来提高加友速度，不仅能避免占用好友的聚会时间，还能解决微商的窘迫。

下面笔者介绍"雷达加朋友"的添加好友的操作步骤，具体如下：进入微信"添加朋友"界面，点击"雷达加朋友"选项，即可进行添加，如图9-14所示。

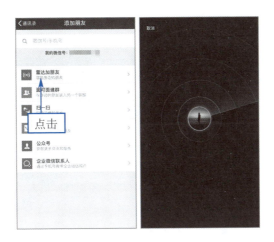

图9-14 "雷达加朋友"操作

需要注意的是，使用这个方法添加朋友，需要大家同时开启"雷达加朋友"，然后才能依次添加搜索到的人，雷达可以反复开启，直到所有人都添加完为止。

9.1.8 给照片加标签：图片转载获得人们关注

一般来说，微商进行营销时，肯定经常要在朋友圈里发照片，有时候会发产品照、生活照，有时候会发客户的产品体验照。在微信盛行的今天，看朋友圈成为一种流行趋势，看到朋友发照片，就会忍不住点开看一下。

微商在发照片的同时，不要忘记在照片上加上自己的微信号，可以用"美图秀秀"加文字，具体步骤如下。

步骤01 打开手机上的"美图秀秀"，点击"美化图片"按钮，如图9-15所示；执行操作后，即可进入"相机胶卷"界面，选择想要修改的照片，如图9-16所示。

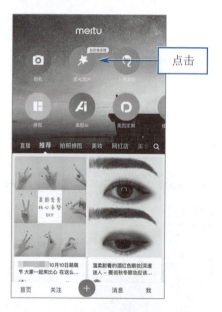

图9-15 点击"美化图片"按钮

图9-16 进入"相机胶卷"界面

步骤02 在下方的菜单栏里，点击"文字"按钮，如图9-17所示；执行操作后，弹出"点击输入文字"文本框，如图9-18所示。

第9章
朋友圈引流：25个技巧，要有财气先旺人气

图9-17 点击"文字"按钮

图9-18 弹出"点击输入文字"文本框

步骤 03 点击"点击输入文字"文本框，❶输入相应文字，如图9-19所示，输入完成后，❷点击页面右上方"保存/分享"按钮，保存图片，如图9-20所示。

图9-19 输入相应文字

图9-20 保存图片

用"美图秀秀"给图片加上微信号也是一种传播途径，当图片被转载到他人朋友圈的时候，通过图片上添加的微信号，就能吸引其他的人添加好友，扩充人气，从而实现引流的目标。

9.1.9 求签测试：结果分享实现快速引流

求签测试是一种新的营销引流方法，具有拼人气、拼好友的特点。微商一般是通过在朋友圈中分享求签测试类的链接来进行引流。朋友圈搜索中的求签测试搜索结果，如图9-21所示。

求签测试类的链接在新年的时候分享得比较多，微商可以寻找不同类型的测试链接，分享到朋友圈中，引起喜欢测试用户的注意。但是测试链接一般都是微信公众号的推广内容，如果微商想要将玩测试的用户引导到自己的微信上来，可以自己设计链接，先扫描添加才能进行测试，测试完后要转发分享。

求签测试比较吸引年轻人，因此，微商需要仔细斟酌链接的标题，让用户一看到链接就想测试，例如："我今年有没有财运？""我靠什么找到另一半"等与个人密切相关的测试。

图9-21　朋友圈的求签测试分享

求签测试类不仅可以帮助朋友圈引流，还可以发布在微博、百度贴吧上，实现微信公众号的引流。

9.1.10 主动出击：寻找网上相关微信号引流

目前，微信基本上就是网络上主要的联系方式了，有很多用户在各种网络平台上留下了自己的微信号码，而留下联系方式的用户可能会有不同的需求，同时他们希望自己的微信号被其他人添加。因此，微商可以在网络上寻找这种与产品相关的微信号码，主动出击，添加他们为好友。

例如，在百度贴吧"花艺"吧里面的一个帖子，就有很多用户留下了微信号，如图9-22所示。

图9-22　在贴子中找到微信号码主动添加

9.1.11　位置共享：自动定位的实时共享引流

位置共享是微信朋友圈具有的功能，它精准的定位作用给很多行业在微信中投放促销优惠信息带来了很大的方便，起到了很不错的营销作用。

微商在微信朋友圈中推广产品时，可以借助位置定位共享，让搜索位置的用户能够看到自己朋友圈的内容，从而实现引流，如图9-23所示。

图9-23　搜索与位置相关的朋友圈

9.1.12 个人名片：个性化才会更引人注意

名片是一种很快速、很方便的宣传，无论你的职业是否需要名片，都应该设计一张好的名片时刻准备着，而且微信朋友圈也可以分享名片，但是与纸质名片不同，朋友圈中分享的名片是电子名片、微名片，如图9-24所示。

图9-24　个人名片引流法示例

朋友圈的微名片比纸质更全面、更个性化，不仅可以展示个人信息，还可以展示个人风采、相册、产品等，用户可以通过微名片更加了解微商及其产品。另外，微名片根据不同的职业可以设置添加不同的栏目，如咨询、预约、通话等，能够让用户与商家直接联系，实现引流。

9.2　其他方式，扩大朋友圈引流途径

除了利用微信提供的功能进行引流之外，我们也可以用其他方式来为自己引流，聚集人气。

9.2.1　文案推广：利用用户好奇心引流

微信的文案推广法是微商朋友圈引流技巧中比较常见的一种方法，指在网站上发布文案来进行推广和吸引人流，吸引用户关注微信号，进而浏览微商的朋友圈。这种方法利用的是读者的好奇心和利益心，文案推广法的具体

步骤如下。

首先选择某个流量大的网站，比如：贴吧、论坛与淘宝等，发表一篇文案或者在别人的评论和留言处写上自己的文案，把自己的微信号嵌入文案中。一个好的文案，往往能制造悬疑，引发人的好奇心，从而吸引用户关注微商和微商的朋友圈。比如说，要推广某一款面膜，就需要了解这款面膜的优势、短板，然后扬长避短。

别人添加你的微信后，若问起产品信息，就可以进一步地营销推广，从而获得收益。文案推广这种方法的好处在于：推广的方法就是文案本身，文案可以自己编辑，也可以从同行处借鉴来，且文案发送渠道是免费和无限制的，不需要耗费大量的物力、财力。但需要注意的是，文案的推广对象要多面向目标用户群体或者网络活跃用户群体。

文案推广唯一的缺点就是具有时效性，一般来说，文案推广使用的招数基本相同，而相同的东西多了，就会使读者失去新鲜感和好奇心，渐渐失去吸引力，甚至有时候这样的推广方法多了，大家反倒会嫌烦。由此可见，文案的撰写是非常重要的，建议尽量使用原创文案，如果自己文笔不好，可以让身边文笔好的朋友帮忙编辑一下，推广文案一般最多不超过50字，是很容易写的。

9.2.2 资源诱导：3大方法有效引流

微商根据自己的产品和行业去寻找一些别人搜寻不到却想要的有用资源，发布到网站上，留下微信号，进而引导用户添加好友和观看微商的朋友圈。下面举几个例子教大家如何进行资源诱导。

1.关于软件的资源

可以这样做：随便在一个网站上发布一句"×××软件，不知道大家是否需要，有需要的可以加我微信××××！"还可以在文案下附上软件的截图，或者分享部分软件出来，说明："在这里先发一部分，我还有其他的×××软件，如果有需要的可以加我微信××××！"此方法适用于那些有不错的且可传播的软件资源的运营者。

2.关于视频的资源

可以这样做：关注最近热点的实时视频或者电视剧视频，下载你认为好的视频资源，放到此视频的讨论热点处《××电视剧》第×集真是太好看了，找不到视频资源的可以加我微信××××，加上立马免费传。"

3.关于小说的资源

可以这样做:查看百度贴吧、百度问答、百度知道,记录高热度搜索的小说,下载好小说资源后去需要资源的人的问题下进行回复"我有你想要的《××》TXT格式,加我微信×××后马上免费传给你。"

例如,发布在百度贴吧的一个帖子,就利用分享视频资源的方式引导网友留下自己的微信,如图9-25所示。当微商加了网友的微信之后,网友自然会看到微商发布的朋友圈信息。

图9-25 用资源诱导引流示例

9.2.3 BBS运行:3大途径广泛引流

BBS全称是Bulletin Board System,通过在计算机上运行服务软件,允许用户使用终端程序通过Internet来进行连接,执行下载和上传数据或程序、阅读新闻和与其他用户交换消息等功能。微商可以利用BBS以下3点优势进行引流,吸引用户添加微商为好友,让自己的朋友圈进一步扩大,如图9-26所示。

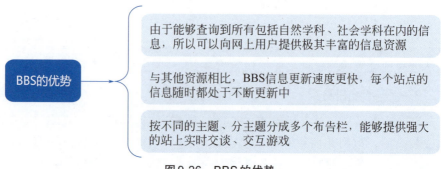

图9-26 BBS的优势

目前，国内的BBS已经十分的普遍，微商可以从以下的三点入手，进行引流。

1. 校园BBS进行引流

由各校的网络中心建立起来的，如清华大学、北京大学和复旦大学都建立了自己的BBS系统。

2. 商业BBS进行引流

主要进行有关商业的商业宣传和产品推荐等，如手机的商业站、电脑的商业站以及房地产的商业站等。

3. 专业BBS进行引流

指部委和公司的BBS，主要用于建立地域性的文件传输和信息发布系统。微商可以根据自己产品的定位，在网上找寻相关免费资源，发布内容进行推广引流，例如目标用户人群是女性，就可以发布美容、时尚、购物或者健康等信息，如果能够把普通帖子发展成为热帖、加分帖、精华帖、推荐帖和置顶帖的话，就能够吸引更多人。

9.2.4　LBS推广：高效率、零投资引流

位置签名LBS是微信众多功能中最能体现网络营销价值的，它精准的定位作用给很多行业在微信中投放促销优惠信息带来了很大的方便，起到了不错的引流作用。当一个用户在朋友圈看到微商产品的定位信息时，无疑是有一定触动的。

比如，在之前讲的微信功能里面那项"附近的人"，就是运用了LBS功能使用户可以查找自己所在地理位置附近的微信用户。

商家利用这个免费的广告位为自己做宣传，是百益而无一害的。现在很多知名的品牌都纷纷利用LBS功能来营销推广自己的产品，例如58同城、赶集网、美团等。随着LBS的覆盖面越来越广，LBS解决问题的效率也越来越高，这样高效率、高回报、零投资的渠道令微信的实用性更加强大，也让微商更加方便地利用LBS在朋友圈进行营销。

9.2.5　博客推广：4个方面引流时要注意

对于一些专业、成熟的微商来说，可以通过在博客上发布文章的方式进行推广，引导用户关注并加为好友，进而浏览微商朋友圈信息，在推广的时

候要注意以下几点内容。

（1）<u>有价值的内容</u>。在博客上撰写的文章，内容一定要专业，富有一定的价值，这样才能让用户在搜索时更容易搜索到。

（2）<u>不要强硬推广</u>。在博客里发文，是一个慢慢积累的过程，不要一上来就发布广告，这样很容易引起用户的反感，让他们没有再阅读的兴趣。

（3）<u>给出简介</u>。在推广的时候，要给出微商的简介，最好再加上朋友圈的一些截图，这样能够让用户对微商更加印象深刻。

（4）<u>带上LOGO</u>。发布二维码的时候，尽量带上微商产品的LOGO，这样会显得更专业，而且还能提高辨识度，让用户一眼就能够关注到。

9.2.6 "以号养号"：5种方式发展小号引流

所谓的以号养号就是商家采用微信、QQ等个人小号来吸引用户，等积累了一定的数量，就转化为自身主要平台账号，或者转发有诱惑力的软文诱导粉丝主动关注。在此以微信小号为例，介绍这种用小号加粉方式的策略，如图9-27所示。

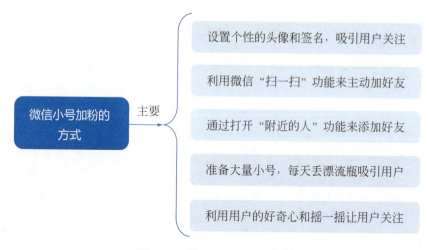

图9-27　微信小号加粉的方式

9.2.7 H5页面：新利器吸引用户自发传播引流

H5已经成为朋友圈的引流新利器，很多微商会通过H5制作出一些小游戏，来吸引用户，最早的比较吸引人的H5小游戏要属《围住神经猫》了，这款游戏在朋友圈圈里引起了疯狂转载和讨论。

对于微商来说，H5的最大优点可以通过在线更新和不断优化，带来更多的广告展示、流量转化等多项KPI数值的增长。例如，我们可以在微信朋友圈上看到很多不错的H5，或者是其他好友主动分享给你的H5，好友之所以愿意分享，说明这些H5有价值点，那么它们是做得比较成功的。下面这个新世相和太平洋联合推出的H5就是通过朋友圈看到的，画面非常卡通，看上去很有感觉，吸引了很多用户主动参与并自发传播，如图9-28所示。

通过H5页面在朋友圈引流要注意微信的平台规则，不要诱导用户进行分享转发，否则很容易被封。

图9-28 H5营销活动示例

9.2.8 快递：3大流程实现优势引流

快递引流法是一种很有优势的引流法，它的优势主要表现在以下两个方面。

（1）接触的人流广。

（2）接触的人群大部分是热爱购物者。

抓住这两点，快递引流法就是一个非常实际有效的引流方法，其主要的引流流程如图9-29所示。

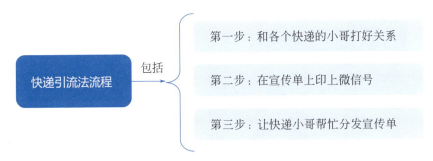

图9-29 快递引流法流程

当购物者看到微商的微信号后，如何吸引用户的注意力并成功让用户添加微商为好友，实现朋友圈引流呢？这里需要注意三个事项：第一要注意宣传单上的文案要有吸引力，第二要注意图片要清晰，第三要注意有实际好处，让用户产生关注的欲望。

9.2.9 问答互动：把广告嵌入回复中引流

"百度知道"采用互动的方式，让用户可以在此搜索和分享各种知识问答，是最常见的问答平台之一。因为在百度知道上发广告是不被允许的，因此百度知道引流就需要微商通过回答问题的方式，把自己的微信号有效地嵌入回复中，吸引用户添加微信好友，进而观看朋友圈。

很多人不想采取百度知道法引流，有以下两方面的原因：一是觉得烦琐，不会回答问题；二是没有合理的引流技巧。下面为大家介绍如何在百度知道里回答问题。

步骤01 登陆"百度知道"首页，❶在上方菜单栏中单击"我的知道"按钮，如图9-30所示，跳转至"个人中心"页面，❷单击"添加兴趣"按钮，如图9-31所示。

图9-30 单击"我的知道"按钮

图9-31 单击"添加兴趣"按钮

步骤02 执行操作后，弹出"添加兴趣"对话框，❶在"筛选"文本框中输入关键字，❷单击"筛选"按钮，如图9-32所示。

步骤03 执行操作后，弹出筛选结果，❶单击想要添加的兴趣标签，❷单击"完成"按钮，如图9-33所示。

步骤04 单击一个推荐问题，进入具体问题界面，❶微商可在相应的文本框中输入问题答案，❷单击"提交回答"按钮即可回答问题，如图9-34所示。

第9章
朋友圈引流：25个技巧，要有财气先旺人气

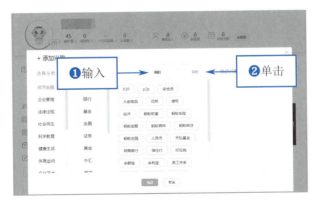

图9-32　输入关键字并单击"筛选"按钮

图9-33　单击相应按钮

图9-34　输入答案即可提交回答

9.2.10 悟空问答：3大途径精准引流

相对于其他内容来说，悟空问答是一个有着共同内容需求和爱好的创作者和粉丝聚集的平台。在该平台上，众多参与者积极互动，分享自己的经验和见解，因此，这是一个可以实现精准引流的内容平台。通过悟空问答，可以引导用户添加微商的微信号，成为好友。对微商来说，利用悟空问答内容引流是通过以下三大途径来实现的，具体内容介绍如下。

1."首页"推荐

一些经常在移动用户端或PC端浏览头条号的用户会发现，在菜单内容中会显示一些标注有"悟空问答"的内容，如图9-35所示。

一般来说，当微商在这样的悟空问答内容中提供了优质内容和有价值的回答，就会被更多的人关注，这是有助于吸引粉丝的。

2.增强引导

在今日头条平台上，当用户进入"悟空问答"页面，单击相应问题进入具体的问题问答页面，会发现每一条回答都会显示回答的账号信息，并在账号右侧显示一个"关注"按钮，如图9-36所示。

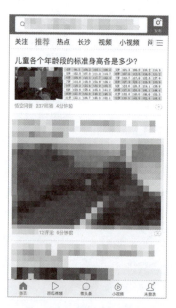

图9-35 "今日头条"APP的首页上的"悟空问答"内容展示

图9-36 悟空问答内容增加曝光度和关注途径

第9章
朋友圈引流：25个技巧，要有财气先旺人气

这样的设置，不仅增加了自身的曝光度，同时，当用户觉得哪一条回答是有着独特见解、有着干货内容时，就会获得关注该问题的用户的认可，自然而然的，此时点击关注也就顺理成章了。当用户关注之后，微商就可以适时地推送一些文章，附上微信号和二维码，进一步引导用户添加自身微信号。

3.利用热点

蹭热点是运营过程中经常会用到的方法，其实，在利用悟空问答引流的方法中，这一经典方式，笔者认为也是适用的。特别是在今日头条平台专门设置了一个"热点"菜单的情况下，更是要求微商把这一方法应用到具体的引流工作中，回答问题时注意加强与时事热点的联系。

图9-37 "热点"页面

图9-37所示为"今日头条"APP首页的"热点"页面，在该页面上用户可以查看时事热点内容。

微商则可以通过查看找到与自身内容领域相关的热点，并在悟空问答页面选择合适的问题进行回答，这样同样是蹭热点的表现，同时也能达到增加自身的曝光度和为自己增粉的目的。

9.2.11 电视节目：利用热门剧集影响力引流

热门电视节目，往往聚集了大量的流量。那么，微商该如何借助这些热门电视节目进行引流呢？借用大型视频网站热门剧集的影响力来引导用户添加微商的微信号成为好友，这是一个很好的，也很常用的方法，具体操作方法如下。

在"优酷指数排行榜"首页，选择一部电视剧或综艺节目，例如比较火的电视剧《武动乾坤之冰心在玉壶》，点击《武动乾坤之冰心在玉壶》，进入相应界面，如图9-38所示。

从图片中可以看出，这部电视剧的第21集、22集还没有出来，因此，微商可以在发帖子时放入"武动乾坤之冰心在玉壶第21集""武动乾坤之冰心在玉壶第22集"这样的关键词，特别是将这样的关键词融入标题中，那么很容易就被人们搜到。

图9-38 《武动乾坤之冰心在玉壶》的播放界面

当用户搜索到微商发布的帖子时,微商就可以用资源分享的方式,引导用户添加微商的微信号。

9.2.12 百度热词搜索:借势大事件引流

每次一个热点、热词出来时,都会刷爆朋友圈,比如"锦鲤""官宣""隐形贫困"等词都在朋友圈中有过一段热潮,如图9-39所示。

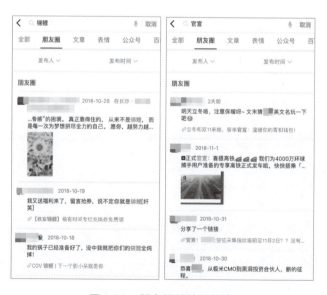

图9-39 朋友圈的热词搜索

那么,朋友圈的热词是怎么来的呢?微商可以关注百度热词,即百度搜索风云榜里的词,通常这一类词都是人们搜索最多的、最具有时代效应的,而且热词每个月都会进行更新和一个评比,排名越靠前越代表搜索的热度。

那么,如何利用百度热词来进行引流呢?首先在电脑上打开"百度风云榜",寻找热门关键词。从实时热点、排行榜上,我们可以看到哪些热点和关键词被搜索了,热词就是指搜索频率高的词语,然后微商可以结合"热词"在朋友圈发文来进行推广,如图9-40所示。

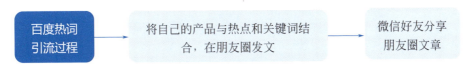

图9-40　百度热词引流过程

9.2.13　识别扫码:线下二维码有效引流

二维码是微商推广产品的重要引流入口,无论是从线下到线上,还是从线上到线下,都可以用扫码的形式来引流,而在朋友圈的推广中,二维码主要是以图片的形式存在。

微商将二维码图片和推广的内容发布到朋友圈,用户点开放大二维码图片,长按二维码后再点击"识别图中二维码"按钮,就可进入微商详细资料界面,用户可以将微商添加到通讯录,如图9-41所示。

图9-41　朋友圈二维码引流

在开展活动时，微商可以利用朋友圈的二维码进行引流。比如，扫码送赠品、扫码优惠等活动。下面笔者介绍其他一些可以用二维码引流的方法。

（1）用户可以将二维码设置成手机的桌面，不仅可以更快速地扫描添加好友，扩充朋友圈，还可以节省手机流量，一举两得。

（2）在宣传自己的产品或需要朋友帮忙宣传的时候，附上一张二维码照片，更方便他人添加。

第 10 章

公众号营销：23个方面，自建池塘蓄水养鱼

学前提示

粉丝数量在一定程度上决定了一个微商利用公众号营销能够获利的多少，因此微商一定要做好公众号粉丝的积累。在此，笔者将为大家详细介绍吸粉引流的方法和过程。

要点展示

- 7大设置，让公众号更吸睛
- 3大阶段，教你做好公众号运营
- 9个方面，打造公众号精美版式
- 4大版块，深入了解平台运营数据

微商创业一本通：
软文+朋友圈+公众号+自媒体+自明星

10.1 7大设置，让公众号更吸睛

对于微商来说，公众号营销的最终目的是为了实现商业变现，赚取利益。但是在变现前，微信公众号需做的就是引流，因为只有平台拥有了足够数量的粉丝，才能实现真正的商业变现。

那么微信公众号应该如何引流呢？相信只要做过微信公众号的人都知道，只有把公众号设置好了，用户才会关注公众号，公众号才能留得住用户。

10.1.1 名称定位：大号的第一张"脸"

商家要做好公众号定位工作，如何给自己的公众号取一个合适的名称是一个不可避免的问题。合适的公众号名称将会给微信公众号运营带来很多好处，其中主要有三点，分别是公众号更容易被搜索、公众号更容易引流和更好地展现公众号服务信息。

因此，商家或者个人在给自己的公众号取名字的时候要做好以下两点：给自己的公众号取一个最适合的名称，为自己的公众号运营打下好基础。

1.避免取名雷区

微商在给自己的公众号取名的时候需要注意的是，千万不可为了过分追求特别、引人瞩目而犯下取名时应避免的错误。经过笔者的综合分析，以下几点是公众号名称的取名雷区，下面将具体分析。

一是没有搜索关键词。商家在给自己的公众号取名的时候，特别要注意的一点就是关键词。没有关键词的公众号名称，不容易被搜索群体发现，公众号的曝光度就会很低，从而就会进一步影响订阅者的数量。

而有关键词的公众号名称本身就自带一定的潜在客户群体，当搜索者在进行某一关键词搜索时，如果你的公众号名称带有这个关键词，那这个公众号出现在搜索者眼中的概率就会非常大，从而被搜索者关注的概率也就会加大。同时，广大微商还需注意的是，公众号名称中嵌入关键词的时候一定要注意关键词的精准性，关键词越精准被搜索到的概率就会越大。

二是名称中有生僻字。与名字中没有关键词一样，如果名称中有生僻字同样会影响公众号的搜索率。毕竟，大部分的搜索者在搜索公众号的时候不会去搜索那些有生僻字的公众号。如果公众号中的字太生僻难免会出现别人不认识的情况，而且太生僻了也不容易让人记住。

第10章
公众号营销：23个方面，自建池塘蓄水养鱼

三是使用火星文、符号。商家和个人需要注意的一点是，在自己的公众号名称中尽量不要出现火星文和符号之类的字眼。一是火星文、符号出现在公众号中难免会给人一种不太靠谱的感觉；二是火星文要打出来也会比较困难，且其比较难记住。当然，如果你的公众号本身针对的阅读群体就是喜欢火星文这类文化的人群，那就另当别论。

2.掌握取名技巧

公众号的名称很重要，它决定了用户对公众号的第一印象，一个好的名称会给公众号带来更多的目标用户，可以说微信公众号的名称就如同实体店的名称，要想让用户记住自己的店铺，就必须在取名上下功夫。

下面笔者为大家介绍几种取名方法。

（1）直接式取名。直接式的取名法是指直接以微商名称或者产品名称来为公众号命名的方式，多用于微商或品牌。它有三点优势，分别是用户的识别度高、借助品牌易于传播和便于用户搜索。

（2）提问式取名。提问式的微信公众号比较常见，提问式的公众号取名方式其实就是从用户的需求角度出发，将公众号自身所能提供的服务通过问题的形式表现给广大微信用户。比如名为"吃啥？"的公众号就是介绍美食的，名为"穿什么"的公众号就是介绍衣服和穿着搭配技巧的。

（3）趣味性取名。随着网络社交的发展，也出现了很多内容定位都朝向新鲜、好玩、有趣等方面的公众号。这类供用户消遣娱乐的公众号的名称往往充满趣味性，这也是这类公众号取名的常用技巧。比如"冷笑话""冷笑话我有十万个"公众号。

（4）区域性取名。为本地用户提供服务的微信公众号取名时往往会突出名称的区域性，这种取名方式就是区域式取名，它有一个很突出的优势，就是能快速精准地定位本地用户，例如长沙吃喝玩乐、岳阳好好吃等。

（5）百科式取名。百科类的微信公众号取名法可以运用在各行各业中，"百科"一词直接地向用户表示了公众号自身的信息资源丰富，并且具有某种"权威性"。

（6）形象法取名。形象法是利用传统意义上的修辞手法，将企业的品牌或者服务形象化的一种取名方法，常见的以形象法命名的微信公众号如篮球公园。

（7）企业+领域式取名。以企业+领域法命名的公众号也是十分常见的。这种方法既表现了品牌效应，又精准定位了目标用户，例如美团外卖、高德地图等。

（8）行业名+用途式取名。最典型的以行业名+用途的命名法命名的微信公众号有：电影演出票、法务在线法律咨询等。该类取名方法常用于个人或没什么名气的企业的公众号命名，通过直接展示行业名来定位用户，直接表现用途来吸引用户。

10.1.2 头像：助你火速吸睛的设置技巧

微信公众号的头像非常重要，一个富有吸引力的头像为公众号带来的流量是十分可观的，头像造成的直接的视觉冲击能达到文字所不能实现的效果。

设置公众号头像时可以考虑使用以下三种图片，分别是企业LOGO图片、企业产品图片和其他类型图片，如图10-1所示。

图10-1 设置公众号头像的三种图片

10.1.3 自定义菜单：分门别类安排内容

如果微商要进行公众号营销，那么，了解一些公众号栏目设置相关的知识是非常有必要的。而自定义菜单管理是公众号进行栏目设置的一个重要方面，是微信订阅者在点开或者关注某一个微信公众号之后，跳转页面最下方的几个栏目。图10-2所示为"手机摄影构图大全"微信公众号设置的自定义菜单栏目。

接下来开始介绍设置"自定义菜单"的操作流程，具体内容如下。

登录进入微信公众号平台后台首页，❶单击功能栏中的"自定义菜单"按钮，进入"自定义菜单"界面；❷单击界面下方的"+"按钮进入"菜单编辑中"页面；在这个页面已出现了菜单，只要在页面中的"子菜单名称"栏中，❸输入自己想要设置的名称即可，如图10-3所示。

第10章
公众号营销：23个方面，自建池塘蓄水养鱼

图10-2 "手机摄影构图大全"公众号设置的自定义菜单栏目展示

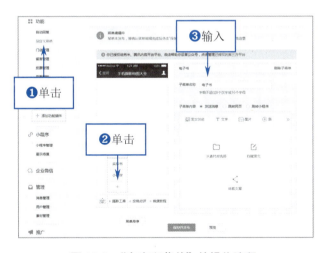

图10-3 "自定义菜单"的操作流程

菜单名称设置成功之后，运营者需要进行菜单内容设置。在菜单内容设置中，有"发送消息""跳转网页""跳转小程序"三个选项可以选择，商家可以根据自己的需求进行选择。

（1）在"电子书"菜单编辑页面，❶选中"发送消息"单选按钮，弹出相应页面，❷笔者选择单击"图文信息"按钮，❸单击"从素材库选择"按

钮设置图文信息；弹出"选择素材"对话框，❹选择需要的图文信息并单击，❺单击"确定"按钮，即可完成菜单内容的设置，如图10-4所示。

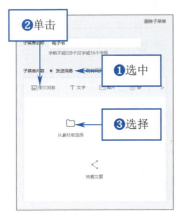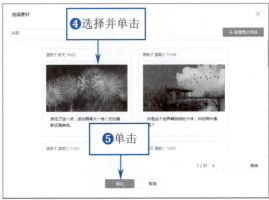

图10-4 "发送信息"选项设置

（2）在"电子书"菜单编辑页面，❶选中"跳转网页"单选按钮，进入相应页面，在"页面网址"右侧的文本框中，❷输入想要跳转的页面网址即可完成设置，如图10-5所示。

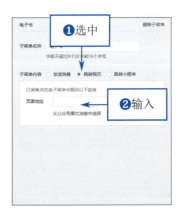

图10-5 "跳转网页"选项设置

（3）在"电子书"菜单编辑页面，❶选中"跳转小程序"单选按钮；进入相应页面，❷单击"选择小程序"按钮；弹出"选择小程序"对话框，❸选择需要的小程序；❹单击"确定"按钮，即可完成跳转小程序的设置，如图10-6所示。

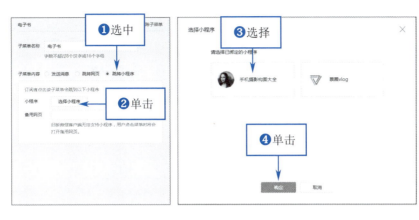

图10-6 "跳转小程序"选项设置

10.1.4 图片水印设置：给图片加标签

微商如果要给图片加上专属标签，可以在微信公众平台的后台进行操作。接下来给大家具体介绍一下添加专属标签的操作方法。

进入微信公众平台，❶单击微信公众平台页面左侧的"公众号设置"按钮，如图10-7所示，进入相应页面，❷单击上方的"功能设置"按钮，就能看到设置水印一栏，如图10-8所示；❸单击右侧的"设置"按钮，就会跳出相应的"图片水印设置"页面，如图10-9所示。"图片水印设置"页面中有三个不同的选项，微商可以按照实际情况进行不同的选择。

图10-7 单击"公众号设置"按钮

微商创业一本通：
软文+朋友圈+公众号+自媒体+自明星

图10-8 单击"功能设置"按钮

图10-9 "图片水印设置"页面

10.1.5 自动回复：与用户及时互动

在功能管理中，自动回复的设置包括三类，即关键词回复、收到消息回复和被关注回复。说到具体操作，后两类大体是一样的，不同的是设置的回复内容，且比较简单，在此就不再具体介绍，而前一类却有着本质的不同，且比较复杂，下面将进行详细介绍。

所谓"关键词回复"，指的是用户发送的信息中出现了平台设置的完整的关键词，平台就会触发"关键词回复"功能，把预先设置的信息内容发送给对方。下面是设置"关键词回复"的具体操作。

步骤01 进入微信公众号平台后台首页，❶单击"自动回复"按钮；❷选择"关键词回复"选项，进入"关键词回复"界面，❸单击"添加回复"按钮；执行操作后，即可进入"关键词回复"设置界面，如图10-10所示。

图10-10 进入"关键词回复"设置界面

在"关键词回复"设置界面，完整的设置内容包括三项：规则名称、关键词和回复内容，我们需要一一对其进行设置。在此以企业或商家寻求合作的情况为例，介绍关键词回复的内容设置。

步骤02 在"规则名称"一项中，❶输入"合作"一词，选择"半匹配"匹配项，然后在"关键词"一项中，❷输入用户发送信息中一定会出现的关键词——"合作"，如图10-11所示。

图10-11 "关键词"设置

步骤03 在"回复内容"一项中，点击"回复内容"右侧的"添加"按钮⊕，就会出现可以添加的5种内容形式，在此选择"文字"选项；弹出"添加回复文字"对话框，❶输入回复内容；❷单击"确定"按钮，如图10-12所示。

图 10-12 "添加回复文字"对话框

步骤 04 设置完"关键词回复"的具体内容后,接下来就是为这些内容选择一种合适的回复方式:❶勾选"随机回复一条"单选按钮;❷单击"保存"按钮即可完成新建"关键词回复"设置的全部操作,如图 10-13 所示。

图 10-13 选择回复方式并保存设置

10.1.6 留言管理:更好地了解用户反馈

对于微信公众号而言,如果用户想要与平台沟通,那么可以在平台留言,而运营者可以通过微信公众平台后台对这些留言进行管理。下面就介绍"留言管理"功能的具体操作方法。

步骤 01 登录进入微信公众号平台后台首页,❶单击功能栏中的"留言管理"按钮,进入相应界面,移动鼠标指针至一条留言的右侧,可以看到在留言的右侧出现了3个图标,分别表示"精选""置顶"和"删除留言",单击图标即可执行相应操作;在此,❷单击"精选"按钮,如图 10-14 所示。

步骤 02 执行操作后,即可将该留言精选。成功设置网友留言精选之后,在留言右侧的"操作"栏的下方,就有一个★图标,表示留言已精选。当然,如果不小心点错了或者是要把已加入精选的留言撤销,单击★图标即可撤销精选。

图 10-14　设置"留言精选"

除了可以"精选"留言外,还可以将留言置顶或删除。另外,用户想要查看留言,有时会觉得太多、太繁杂,可以通过该界面留言上方的3个选项来进行筛选,还可通过右上角的搜索框进行搜索。

10.1.7　原创声明功能:内容转载详情

在微信公众平台上,如果推送的是自己原创的文章,那么运营者应该在文章中声明原创,以便保护自身权益。那么,这一功能具体该怎么运用和操作呢?

步骤 01 登录进入微信公众号平台后台首页,❶单击功能栏中的"原创管理"按钮;进入相应界面,在"原创文章"页面,有"原创文章管理"和"长期转载帐号管理"两个选项;选择"原创文章管理"选项进入相应页面,在页面右侧的"操作"栏下方,可通过单击"转载数据"按钮查看相关情况;在此,❷单击"转载设置"按钮,如图10-15所示。

图 10-15　"原创文章管理"页面

步骤 02 执行操作后,进入相应文章的"转载设置"页面,如图10-16所示;该页面有"单篇可转载帐号"和"长期可转载帐号"两项,其中,单击"长期可转载帐号"右侧的"管理"按钮,与选择"原创文章"页面的"长期转载帐号管理"选项后进入的页面相同;在此,单击"单篇可转载帐号"右侧的"添加"按钮。

图 10-16 "转载设置"页面

步骤 03 弹出"添加可转载帐号"对话框,进入相应页面,在搜索框中搜索需要添加的公众号,如图 10-17 所示。

图 10-17 选择可转载的公众号

步骤 04 输入微信号并搜索选择后,显示本次添加的公众号,在转载权限下可选择"可修改文章"和"可不显示转载来源"选项,在此,笔者保持默认设置;单击"确定"按钮,即可成功授予该公众号单篇文章转载权限,如图 10-18 所示。

图 10-18　授予公众号转载权限

步骤 05 执行操作后,返回文章的"单篇可转载帐号"页面,显示了添加的可转载账号。如果运营者想取消该账号的转载权限,❶ 单击"移出"按钮,在弹出的页面中,❷ 单击"移出"按钮,如图 10-19 所示。这样,该账号便无法转载原创文章。

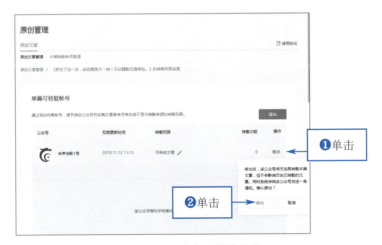

图 10-19　移出可转载账号

10.2　3 大阶段,教你做好公众号运营

所谓"爆款",对公众号而言,就是人气很高、点击阅读量高的公众号。爆款表现出来的特征又恰是每个微信公众号所要追求的目标。那么,微信公

众号平台应该怎样打造爆款呢？这一问题可从以下三个方面进行分析。

10.2.1 前期：考虑时代环境和市场趋势

对微信公众号运营而言，想要打造爆款，考虑时代背景和趋势是必要的工作和选择，这主要可从两个角度来分析，具体内容如下。

1. 内容方面

从内容方面来看，它是来源于社会生活的，无论是宣传的企业及其产品、品牌信息，还是各种评论和娱乐热点，都是时代环境中存在的。

要想打造出爆款公众号，在日常推送的内容中就必须精挑细选，以便于形成独特的公众号风格。

除了内容的来源外，推送时机也是与时代背景的发展息息相关的。究其原因就在于"合时宜"一词。只有合乎时宜的事物才能被时代所认同，否则，即使是未被验证的正确的思想和理念也是会被认为是异类，不会被认同的。

当然，这种未被验证的正确的思想和理念，在很大程度上，也是基于当前的时代环境而做出的正确的预判。因此，随着时代的发展，它们的正确性也被一步步验证，最终成为社会发展的前进方向和指南。可见，内容不管是从其来源还是从其推送时机的环境来说，都是与时代背景和发展趋势不可分离的。

2. 读者方面

公众号的所有读者都是生活在一定时代环境中的人，他们的思想、思考方式和生活日常产品都受到时代的影响。因此，他们在接受信息的时候是有选择性的，且选择的是与时代环境和发展的前沿趋势相关的，或是存在于时代环境中的感兴趣的事物和思想。

且对于读者的接受度来说，人们一般更容易选择大家所认同的，从而导致接受信息在一定程度上进一步扩大，进而让更多的人接受，从而形成爆款。所以，从公众号的读者方面来说，爆款公众号的打造也是需要充分考虑时代背景和发展趋势的。

10.2.2 中期：寻找品牌传播的核心要点

对于公众号而言，之所以能形成爆款，就在于它通过某一利益点获得了很多读者的认同。而公众号的品牌之所以能成为爆款，就在于它所宣传的产品、品牌或观点对读者而言是需要的、感兴趣的。

在此，具体分析爆款公众号品牌的打造过程。针对公众号品牌，首先应该明白这一品牌的传播核心点在哪，应该怎样进行寻找和应用等问题？关于这些问题，主要涉及品牌传播核心点的三个层面：一般基础性层面、爆点层面和"All in"层面。这三个层面是一个不断寻找和发展应用的过程，具体分析如下。

1. 一般基础性层面

在品牌传播核心点的基础层面上，品牌和平台运营者是通过各种方式对其进行查找和记录的，主要是通过SNS查找和记录、IM查找和记录、视频相机查找和记录。

且在这一形成过程中，品牌和微信公众号运营者应该有足够的耐心坚持下去，因为关于品牌传播核心点的基础层面的过渡是一个长期而稳定的过程，不是一蹴而就就能实现的。

2. 爆点层面的不断寻找

经过基础层面的品牌传播核心点的信息积累，接下来就应该对其进行爆点寻找，找到品牌传播的核心点和最合时宜的信息点，才有可能形成品牌传播爆点，从而过渡到品牌传播核心点的爆点层面。关于由基础层面到爆点层面的过渡，也是需要有一个不断选择和尝试的过程的，发展特点主要是快速性、轻量性和多尝试性。

3. 集中一切力量的"All in"层面

所谓"All in"层面，即在爆点已经确定的情况下，接下来要做的就是要集中一切力量进行爆点打造，使之成为微信公众平台和网络爆点。这也是一个进行微信公众号推广的过程，能够有力地通过爆点来吸引流量。

综上所述，从某方面来说，基于品牌传播核心点的基础层面和爆点层面的发展，在"All in"层面终于形成了品牌传播核心点的无限延伸和不断发展。在这一发展过程中，企业应该对核心传播点进行不断打磨，并进行巧妙而广泛的应用，才能形成有品牌传播核心点的爆款内容。

10.2.3 后期：从两方面寻找爆点

上一小节已经对爆点的形成做了简单介绍，那么，在这一过程中形成爆点的品牌传播核心点应该怎样进行寻找呢？在此，主要从外部和内部两方面出发进行具体介绍，内容如下。

1. 外部方面

在爆点找寻过程中，首先应该对外部世界有一个清晰的了解，只有这样，才能使品牌传播核心点进行优化而形成爆点。而对外部的信息借鉴和参考主要可从5个方面获得，分别是全球应用排行榜，各种海外局势动态，从用户行为中获得需求，从动漫、综艺获取灵感和其他行业的经验延伸。

2. 内部方面

在借鉴了众多外部信息的基础上，再回过头来对自身企业和平台进行思考，是把外部信息爆点与内部品牌要点进行结合的过程。而根据外部信息可以从两个角度进行巧妙运用，即模仿的基础上创新和原创。具体来说，这两种方法是一种创新运用和平台顺利运营的方法，主要内容如下。

（1）模仿的基础上创新。这是一种基于外部信息，利用其观点和其他优势，把与企业相关的内容替换进去而进行的创新，它更多的是关键词和品牌内容的更换，而不是外部软文和信息的彻底更改，因此，从一定程度上来说，它更多的是利用外部信息和软文的爆点以及巧妙的模仿方式，最终实现爆点的打造。

（2）原创。这是一种基于企业或品牌的原创内容，把外部信息的传播热点和信息爆点巧妙地植入微信公众号软文内容中而形成的爆点打造方法。在这一方法中，外部信息的传播热点和信息爆点只是公众号平台内容传播的一个切入方式，它更多地保持了平台的整体特色和原创水准，是一种更符合公众号发展的爆点打造方法。

10.3 9个方面，打造公众号精美版式

在运营微信公众平台的过程中，需要编写文章和排版。运营者可以选择在微信后台进行文章的编辑与排版，因此需要掌握最基本的微信后台编辑、排版的操作流程。

10.3.1 创建新图文消息：开启后台排版模式

在运营微信公众号的过程中，要想编辑一篇文章，首先应该创建图文消息。运营者可以按照自己的喜好进行图文创建，创建的图文可以是单图文，

也可以是多图文。下面介绍在微信公众号后台创建图文消息的方法。

步骤 01 登录微信公众平台账号进入平台后台，然后在后台的"管理"功能栏中，❶单击"素材管理"按钮，即可进入"素材管理"页面；❷在该页面显示了运营者可以看见"图文消息""图片""语音"和"视频"4个选项，以及已有的图文消息。在"图文消息"选项页面中，❸单击最右边的"新建图文消息"按钮，如图10-20所示。

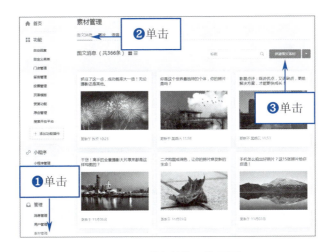

图 10-20 "素材管理"页面

步骤 02 执行操作后，即可进入到"素材库/新建图文消息"页面；之后，运营者就可以在该页面编辑文章了；在该页面的编辑区域的上方位置，显示了"请在这里输入标题""请输入作者"和"从这里开始写正文"字样，根据提示，在相应位置输入文章标题、作者名称和文章正文。

10.3.2 字号：合适，才能更好显示

文字字号有大小之别，运营者可以根据需要设置合适的字号。那么，图文消息中的文字字号是怎样进行设置的？下面说明设置字号大小的操作。

步骤 01 进入后台的"素材库/新建图文消息"页面，在已经编辑好的图文消息中，❶选中要设置字体格式的文字；❷单击上方"字号"右侧的下三角按钮，可以看见7种字号大小的选项；微信公众号后台的图文消息的字号大小默认为16px，笔者在这里决定将字号设置为14px，❸选择"14px"选项，如图10-21所示。

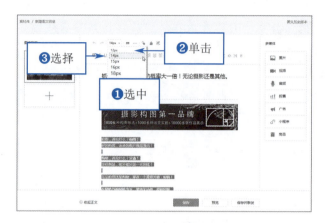

图10-21 选择"14px"选项

步骤02 执行操作后,选中的文字其字体大小就会变成14px的。给文章的内容选择合适的字体大小,也是微信公众号排版工作中需要考虑的一个事项。合适的字体大小能让读者在阅读文章的时候不用将手机离自己的眼睛隔得太近或太远,而且合适的字体大小能让版面看起来更和谐。

10.3.3 加粗:突出,才能更加瞩目

运营者设置好字号大小之后,还可以给字体设置是否加粗。笔者在这里将以上一例中的部分文字为例,为大家介绍将其字体加粗的具体操作方法。

❶选中该段文字;❷单击上方的"加粗"按钮,如图10-22所示;执行操作后,该段文字的字体就会加粗,其效果展示如图10-23所示。

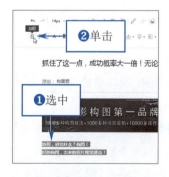 

图10-22 选中文字并单击"加粗"按钮　　图10-23 字体设置加粗后的效果展示

10.3.4 字体颜色：和谐，才是标的

如果有需要的话，运营者还可以为文字设置字体颜色，笔者在这里将为大家介绍设置字体颜色的操作方法。

步骤01 ❶选中部分文字；❷单击上方的"字体颜色"按钮右侧的倒三角按钮，运营者就可看见很多种颜色，在此，❸选择"#ff4c41"颜色色块，如图10-24所示。

步骤02 执行操作后，这个颜色便会运用到选中的文字上，效果如图10-25所示。

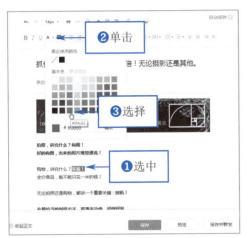

图10-24　选择颜色

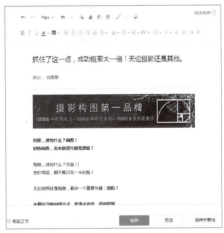

图10-25　为字体设置颜色效果展示

上面提及的"#ff4c41"颜色色块，其实就是RGB表示法。只是这里采用的是十六进制颜色表示法，前二位（ff）表示红色，中间二位（4c）表示绿色，最后二位（41）表示蓝色。

10.3.5 间距样式：不要太紧凑

文字排版中，文字之间间距的多少把握很重要，尤其是对于用手机浏览文章的微信用户来说。文字间距要适宜，主要指的是文字三个方面的距离要适宜，即字符间距、行间距和段间距。关于这三种文字间距，具体分析如下。

1.字符间距

字符间距指的是横向间的字与字的间距，字符间距宽与窄会影响到读者的阅读感受，也会影响到整篇文章篇幅的长短。

在微信公众号的后台，并没有可以调节字符间距的功能按钮，所以运营者如果想要对公众平台上的文字进行字符间距设置的话，可以先在其他的编辑软件上编辑好，然后再复制和粘贴到微信公众平台的文章编辑栏中。

在这里以Word为例，来为大家讲一下文字的字符间距。在Word中字符间距的标准有三种，分别是标准、加宽、紧缩。而这三种的距离还可以再根据个人的喜好进行调整。字符间距宽，同样字数的一段话，它所占的行数就会多，相反则会少。

2.行间距

行间距指的文字行与行之间的距离，行间距的多少决定了每行文字间纵向间的距离，行间距的宽窄也会影响到文章的篇幅长短。在微信公众号后台，设有行间距排版功能，其提供的可供选择的行间距宽窄有7种。基于读者的阅读体验，一般会将行间距设置在1.5倍到2倍之间，其排版效果视觉体验会较好。

3.段间距

文字的段间距指的是段与段之间的距离，段间距的多少也同样决定了每行文字间纵向间的距离。在微信公众号后台，图文消息的段间距设置分为段前距与段后距两种，这两种段间距功能都提供了5种间距范围选择。

微信公众平台运营者可以根据自己平台读者的喜好去选择合适的段间距。而要弄清楚读者喜好的段间距风格，可以采用给读者提供几种间距版式的文章让读者进行投票选择的方法来得到。

10.3.6 插入超链接：更全的内容提供

运营者在编辑图文消息的过程中，有时会提及前面已经推送的内容，一方面，从读者的角度来看，可以让他们更便捷地了解更多的内容；另一方面，从企业和商家的角度来看，有利于消息的推广。这时，就需要插入超链接，假如读者有兴趣和意向，就可以直接点击阅读了。那么，插入超链接是如何设置的呢？下面将介绍具体的操作方法。

步骤01 ❶选中要超链接的内容；❷单击"超链接"按钮，如图10-26所示。弹出"编辑超链接"对话框，显示了输入超链接的两种方式，即"输入网址"和"查找文章"；如果选择"输入网址"，则只要在下方的"链接网址"右侧的文本框中输入具体网址即可，在此笔者选择"查找文章"来进行操作，❸勾选"查找文章"单选框；切换到相应页面，❹单击"从本公众号已群发的消息中进行选择"按钮,如图10-27所示。

图10-26 选择内容并单击
"超链接"按钮

图10-27 通过"查找文章"
方式输入链接

步骤02 执行操作后,进入相应页面,❶在当页如果有与链接内容符合的文章名称,则可直接选择该文章;❷单击"确定"按钮,如图10-28所示,即可完成插入超链接的操作;如果没有,也可通过在"公众号文章"右侧的文本框中输入选择的链接内容进行搜索,或是通过下方的翻页来查找文章;插入超链接设置完成后,其效果显示如图10-29所示。

图10-28 选中链接的文章

图10-29 插入超链接效果

10.3.7 插入多媒体素材:除了文字还有它们

在微信公众号后台的"素材库/新建图文消息"页面右侧的"多媒体"

区域，提供了7种多媒体文件的排版入口。

1.插入图片

运营者在编辑图文消息的时候，可选择编辑纯文字的内容，也可以选择在文章插入图片素材的内容。具体方法如下。

步骤01 在编辑正文时，如果运营者想要在文章中插入图片，❶那么就需要定位插入图片的位置；❷单击"多媒体"栏目下的"图片"按钮，如图10-30所示。

步骤02 执行操作后，即会弹出"选择图片"对话框，在选择图片的时候，可以选择在素材库中挑选，也可选择本地上传，两种方法都是可行的，运营者应该根据自己的实际情况操作即可。在这里笔者选择从素材库中挑选图片，❶选择自己需要的图片；❷单击"确定"按钮，如图10-31所示，即可完成插入图片素材的操作。

图10-30 定位鼠标并单击"图片"按钮　　图10-31 "选择图片"对话框

步骤03 执行操作后，即可返回到"素材库/新建图文消息"页面，运营者在该页面可以看见刚才插入的图片，其效果展示如图10-32所示。

图10-32 文章中插入图片素材后的效果

2.插入视频

运营者除了可以在文章中插入图片素材之外,还可选择插入视频素材,这样能够使得文章更生动。具体方法如下。

步骤 01 在微信公众号后台的"素材库/新建图文消息"页面,❶ 单击"多媒体"栏目下的"视频"按钮,如图10-33所示;执行操作后,弹出"选择视频"对话框,在"素材库"页面中,❷ 选择要插入的视频素材,❸ 单击"确定"按钮,如图10-34所示,即可在新建图文消息中插入选择的视频素材。

图10-33 单击"视频"按钮

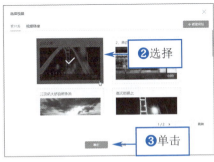

图10-34 "选择视频"对话框

步骤 02 执行操作后,即可返回到"素材库/新建图文消息"页面,在该页面运营者可以看见新插入的视频素材,其效果展示如图10-35所示。

图10-35 文章中插入视频素材后的效果展示

3. 插入音频

如果想发表一篇有声音的文章，那么可以插入音频素材，具体方法如下。

步骤01 进入"素材库/新建图文消息"页面，❶单击"多媒体"栏目下的"音频"按钮，如图10-36所示；执行操作后，弹出"选择音频"对话框，❷在搜索框中输入"茶花"进行搜索；❸在搜索结果中选中音乐；❹单击"确定"按钮，如图10-37所示，即可在新建图文消息中插入音频素材。

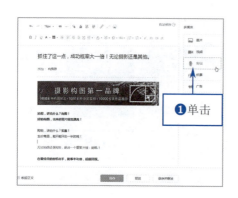

图10-36 单击"音频"按钮

图10-37 "选择音频"对话框

步骤02 执行操作后，即可返回到"素材库/新建图文消息"页面，在该页面编辑的图文中，可以看见刚才插入的音频素材。

4. 插入投票

运营者如果想要增加与读者之间的互动性，那么就可以选择在图文中发起投票活动。接下来，笔者将为大家介绍在图文中发起投票活动的具体操作。

步骤01 在"素材库/新建图文消息"页面定位插入投票活动的位置，❶单击"多媒体"栏目下的"投票"按钮，如图10-38所示，在弹出的"发起投票"对话框中，❷选择投票名称，❸单击"确定"按钮，如图10-39所示。

步骤02 执行操作后，返回"素材库/新建图文消息"页面，在该页面运营者可以看见设置好的投票活动。

第10章
公众号营销：23个方面，自建池塘蓄水养鱼

图10-38 单击"投票"按钮　　　　图10-39 "发起投票"对话框

5.插入广告

如果想发表一篇带有广告的文章，那么可以插入广告，具体方法如下。

步骤01 进入"素材库/新建图文消息"页面，单击"多媒体"栏目下的"广告"按钮，如图10-40所示。

图10-40 单击"广告"按钮

步骤02 执行操作后，弹出"选择广告"对话框，在"选择广告"页面中，❶选择本文广告位为"手动插入"；❷在商品类目里选择与文章关联性强的选项，这里笔者选择的是数码家电；❸单击"确定"按钮，如图10-41所示，即可在新建图文消息中插入广告。执行操作后，即可返回到"素材库/新建图文消息"页面，在该页面编辑的图文中，可以看见刚才插入的广告。

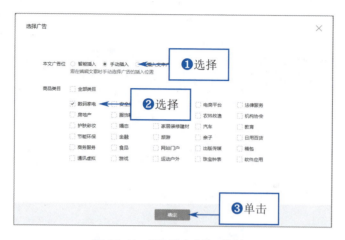

图10-41 "选择广告"对话框

6.插入小程序

微信作为小程序的一个重要入口，在其后台进行图文排版时可以插入小程序服务素材，具体操作方法如下。

步骤01 进入微信公众平台的"素材库/新建图文消息"页面，❶定位选择插入的位置；❷单击"小程序"按钮，如图10-42所示。

步骤02 弹出"选择小程序"对话框，❶选择已关联的小程序；❷单击下方的"下一步"按钮，如图10-43所示；执行操作后，切换至"填写详细信息"的页面，❸选择展示方式为"文字"，填写文字内容，❹单击下方的"确定"按钮，如图10-44所示；完成上述操作后，返回"素材库/新建图文消息"页面，图文消息中会显示文字链接，效果如图10-45所示。

图10-42 定位并单击"小程序"按钮

图10-43 "选择小程序"对话框

图10-44 "填写详细信息"界面　　　图10-45 显示文字链接效果

7. 插入商品

如果想发表一篇带有商品的文章来获取佣金，增加收益。那么可以选择插入商品，具体方法如下。

进入"素材库/新建图文消息"页面，❶单击"多媒体"栏目下的"商品"按钮，如图10-46所示；弹出"添加商品"对话框，❷在"添加商品"页面的搜索栏中输入文章关键词，这里笔者输入为"摄影"；❸选择返佣比例较高的商品，❹单击"确定"按钮，如图10-47所示，即可在新建图文消息中插入商品并获取佣金。

图10-46 单击"商品"按钮　　　图10-47 "添加商品"对话框

10.3.8 原文链接：提供完整体验

如果微信公众号文章是从其他平台上转载或从某一本书中摘录的，运营者想要告诉读者自己这篇文章的原来出处，那么在推送这篇文章之前，就可

图10-48 设置原文链接的操作

以选择在图文中添加原文链接。接下来，笔者将为大家介绍怎样在文章中添加原文链接。

进入"素材库/新建图文消息"页面，在该页面下方会有一个"原文链接"按钮，❶单击该按钮，即可勾选"原文链接"选项；并且下方会出现相对应的输入框，❷输入该篇文章的原出处网址，如图10-48所示。

当该篇文章推送出去之后，会在文章末尾处看见一个"阅读原文"的字样，读者只要点击"阅读原文"字样，即可跳转到输入的网址页面。

10.3.9 留言功能：实现交流互动

运营者如果想要与读者产生互动，那么可以在文章末尾处开启留言功能，让读者进行留言，从而与读者进行互动。接下来笔者将为大家介绍怎样在微信公众平台的图文编辑页面中开启文章的留言功能。

进入"素材库/新建图文消息"页面，❶单击页面下方的"留言"按钮，即可成功勾选留言功能；并且会出现"所有人可留言"和"仅关注后可留言"两个选项，运营者可以根据自己的想法选择两个选项中的一个，❷笔者选择了"所有人可留言"选项，如图10-49所示。当文章推出后，读者即可给平台留言。

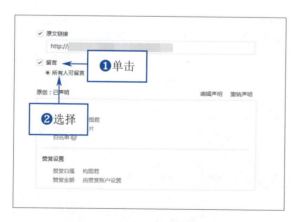

图10-49 开启"留言"功能操作

10.4 4大版块，深入了解平台运营数据

有些运营者会感到疑惑，同样努力了，为什么效果千差万别呢？其中一个重要原因就是你还没有找到用户真正需要什么。而不同类型的账号，用户也是不同的，这就需要从公众号后台的客观数据出发找寻真相，最终找到成功运营的解决办法。

10.4.1 用户数据：构建公众号粉丝画像

微信公众号营销已经成为时下营销的一种趋势，它的后台数据与用户的行为有着密切的关系，这种关系造就了微信公众平台营销的成功。本小节就其用户数据进行分析，以便帮助读者去了解如何得出精准的用户画像和平台发展情况。

1. 新增人数趋势图

在新媒体平台中，微信公众平台拥有十分便捷的数据分析系统。下面以微信公众平台"手机摄影构图大全"为例，图10-50为该公众平台表现用户新增人数趋势情况的折线图。在该趋势图上，将鼠标指向不同的节点（日期点），能够看到该日期下的详细的新增人数数据，如图10-51所示。

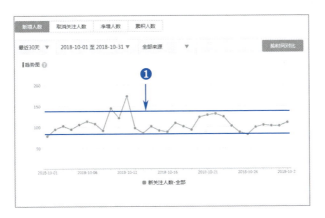

图10-50 新增人数趋势折线图

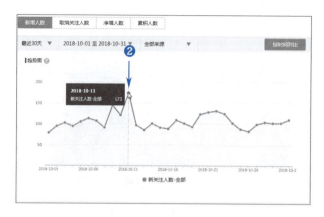

图10-51　显示具体日期的新增人数数据的折线图

在分析上面两幅新增人数的趋势数据图时，有以下两方面的意义。

（1）观察新增人数的趋势，可以以此来判断不同时间段的宣传效果。

❶ **整体趋势**：从图10-50上可以看出，平台的用户新关注人数趋势虽然有起有伏，但整体上还是比较平稳的，可见在宣传推广上还是不曾懈怠的，时常有吸引用户关注的推广活动，从而取得了非常不错的宣传效果。

（2）观察趋势图的"峰点"和"谷点"，可分析出不同寻常效果出现的原因。

❷ **峰点**：表示的是趋势图上突然上升的节点。它与"谷点"相对，都是趋势图中特殊的点，意味着平台推送可能产生了不同寻常的效果。

图中❷处，是2018年10月11日的新关注人数，数值为173人。那么，为什么这一天的新关注人数呈现出"峰点"的趋势？此时就需要找出原因，是因为平台内容吸引人、关键词布局合理、文章标题有吸引力，还是其他的原因？等查明原因后，新媒体运营者就相当于积累了一次经验，以后可以重复利用这种经验并把这种经验归纳总结出来，从而不断地获得更好的效果，进一步扩大自身平台的影响力，吸引更多的潜在用户。

2.取消关注人数

"取消关注人数"也是微商要着重考察的数据，因为维持一个老客户比增加一个新客户其成本要低得多，因此如果微商的微信公众号遇到了取消关注的情况，就一定要重视起来。尤其是那种持续"掉粉"的情况，企业要更加分析其中的原因，尽可能防止这种情况出现。

"取消关注人数"和"新增人数"的数据一样，都能够选择"最近7天""最近15天""最近30天"或者自定义时间查看趋势图。

通过"取消关注人数"的数据就能了解每天有多少粉丝对微信公众平台取消了关注,一旦发现这个取消关注的趋势图呈现出了增长的趋势,那么微信运营者就要格外注意了,要努力找出问题所在,然后尽可能避免这种趋势继续增长。

一般来说,用户对微信公众平台取消关注的原因可能有很多种,下面笔者总结了几种用户取消关注的原因,分别是对推送的消息不感兴趣、微信公众平台常常发布硬广、公众号内容没有定期更新,帮助投票,投完就取消关注,领取了优惠,领完就取消关注等。

3.净增人数

微信公众平台后台的"净增人数"是用来衡量一定时期内用户的净增人数,看了"新增人数"和"取消关注人数"之后,可能微信运营者还是不知道每天净增了多少用户,因此就可以通过"净增人数"趋势图查看。

同时,净增人数也是检验企业推广效果好坏的手段,假设企业在两个不同的时间点展开了不同内容的推广,那么就可以将这两个时间段的数据进行对比,从而判断不同的推广产生的效果之间的不同。

4.地域分布

微信公众平台后台提供省份和城市的分布情况,能够让微信管理者看到微信粉丝在各省和各城市的分布情况。根据地域分布进行营销与运营的思路主要有三个方面,一是根据不同地区的消费水平来判断平台用户的购买力;二是根据不同地区的人群特点判断用户的个性喜好;三是根据不同地区的气候,进行具有当地特色的信息推广。

10.4.2 图文数据:了解图文推广效果

图文消息是微信公众平台的根本,没有内容,就没有粉丝,也就没有微信公众号的运营。但是有了内容,没有数据分析,也是无济于事的,因此,微信后台为运营者推出了图文数据分析模块,帮助运营者对图文消息进行科学系统的分析。

1.单篇图文数据

微信运营者进入微信公众平台,然后单击"图文分析"按钮,就能进入单篇图文统计页面。"单篇图文"仅能统计7天内的图文数据,因此在设置自定义时间时,所选日期跨度不能超过6天,否则就无法进行查看。而运营者可以查看的内容包括文章标题、时间、送达人数、图文页阅读人数、分享人数和操作等。

其实除了送达人数、图文阅读人数和分享人数（即转发人数）之外，还有原文页阅读人数和转发人数这两项数据。运营者单击"数据概况"按钮，就能进入数据概况页面，在该页面能够针对性地对每一篇图文消息进行数据分析。但是在进行数据分析之前，运营者必须搞懂以上这几项数据的意思和关系，下面笔者将这几项数据的分析总结到一张图解上以供参考，如图10-52所示。

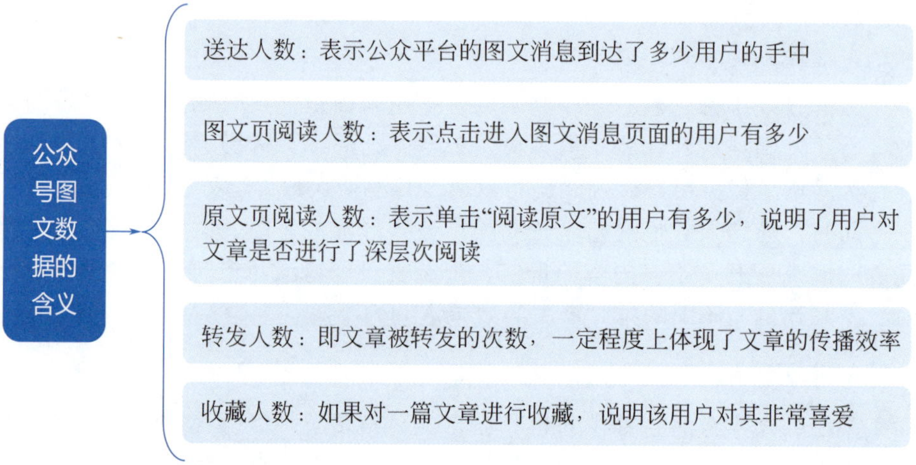

```
公众号图文数据的含义
├─ 送达人数：表示公众平台的图文消息到达了多少用户的手中
├─ 图文页阅读人数：表示点击进入图文消息页面的用户有多少
├─ 原文页阅读人数：表示单击"阅读原文"的用户有多少，说明了用户对文章是否进行了深层次阅读
├─ 转发人数：即文章被转发的次数，一定程度上体现了文章的传播效率
└─ 收藏人数：如果对一篇文章进行收藏，说明该用户对其非常喜爱
```

图10-52　微信公众号图文数据的含义

因此，从传达人数到图文页阅读人数，到原文页阅读人数，到转发人数，再到收藏人数，体现出来的传播效率和传播深度是越来越广、越来越深的。因此微信平台的运营者要从这几项数据进行系统的分析，而不是只看其中某一项数据。

2.全部图文之"日报"

在微信后台中，"图文分析"功能里，有一个"全部图文"按钮，单击"全部图文"按钮，就能进入全部图文分析页面，在这个页面里，主要展示了以时间段来划分的图文信息的综合情况。

在"日报"中，能够得到"昨日关键指标"中的数据内容。从该关键指标中可以看出昨日的图文信息中的相关数据，包括图文页阅读次数、原文阅读次数、分享转发次数和微信收藏人数。同时在各指标的下面，还有以"日""周""月"为单位的百分比对比数据，让微信运营者知道这些数据与一天前、七天前和一个月前的百分比变化情况。在"昨日关键指标"下方，是图文总阅读的阅读来源分析，以及原文页阅读、分享转发和微信收藏三个数据的趋势情况。

3.全部图文之"小时报"

图文的"小时报"是为了让微信运营者了解每个小时的图文页阅读人数和次数的，与全部图文的"日报"不同，它是没有"昨日关键指标"的。而提供的其他各种数据与"日报"一样，如图文页阅读的阅读来源分析、原文页阅读、分享转发和微信收藏的趋势情况，以及各个渠道"图文页阅读"的人数和次数的趋势情况。

根据数据抽样的方式，微信运营者可以分析出最合适的发布时间，那如何进行抽样呢？就是随机地抽取几天时间，然后分析这几天里，不同时间点的数据情况，主要分析用户阅读次数和收藏次数等数据，抽样可以多抽几组，能够避免特殊情况出现，导致结果不准确。

10.4.3　消息数据：给用户最想要的东西

对运营者来说，用户发送的消息是了解用户及其需求的重要入口和内容，因此，对微信公众平台后台提供的消息数据进行分析，可以在了解用户需求的基础上找到更准确的运营方向。

在消息分析功能中包括"小时报""日报""周报"和"月报"功能。相较于其他功能，"月报"功能更能呈现出消息数据的相关长期信息。其主要数据包括"关键指标详解""消息发送次数分布图"和"详细数据"这三大内容，"月报"主要用于判断微信用户是否具备长期的积极性。

除了查看"消息发送人数"的趋势图，还可以切换到"消息发送次数""人均发送次数"选项，查看相应的指标趋势图。

"消息发送次数分布图"表明了某个时间段用户发现消息的人数和占比情况，同时在"详细数据"数据表中，每个月的消息数据一目了然。

10.4.4　菜单数据：了解公众号菜单点击量

菜单是对平台推送的内容进行模块划分的入口，了解用户对各菜单的点击量，可以进一步帮助运营者洞悉用户需求。

进入微信公众号后台的"菜单分析"页面，根据"昨日关键指标"分布的3列，即可得到"菜单点击次数""菜单点击人数"和"人均点击次数"，展示菜单数据及其发展趋势。

微商创业一本通：
软文+朋友圈+公众号+自媒体+自明星

在"昨日关键指标"下会呈现上面提及的3项数据的每日数据，微商可以非常清晰地对比出究竟哪一个菜单才是用户点击最多、最受用户喜欢的和需要的，而哪一个菜单又是用户点击少甚至可以忽略的。基于此，微商可以在推送内容时对点击较多的菜单加以倾斜，推送更多的内容，而那些点击少的甚至是没有点击量的菜单，可以少推送内容，抑或是干脆删除这一菜单，对菜单重新进行调整。

第 11 章

公众号引流：17大方式，水源不断才能财源滚滚

学前提示

目前微信平台发展火热，越来越多的用户开始关注微信公众号。对于微商来说，运营公众号的最终目的是为了实现商业变现，赚取利益。但是在变现前，微信公众平台需要做的就是引流，因为只有平台拥有了足够数量的粉丝，才能实现真正的商业变现。

要点展示

 3个阶段，进行平台粉丝积累

 3大招，实现精准引流

 11种妙招，打造百万粉丝账号

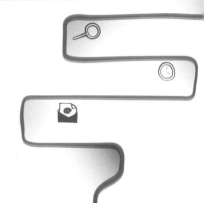

11.1 3个阶段，进行平台粉丝积累

想要进行微商的公众号引流，粉丝的积累是一个至关重要的因素。而粉丝的积累是微商自身随着平台运营能力的提升和微商的精心设置、与用户互动而发展起来的。总的来说，粉丝积累包括以下三个发展阶段：培养种子用户、积累初始用户和大力发展用户。

11.1.1 3大类别，培养优势多的种子用户

所谓"种子用户"，对微信公众号而言，就是平台上能作为好的"种子"使用，并能凭借其在各方面的影响力吸引对公众平台感兴趣的用户关注的用户和粉丝。

在微信公众号运营过程中，种子用户并不在于其关注的时间较早，而是有利于培养企业及其产品、品牌推广氛围的一批用户。当然，一般来说，种子用户更多的是指第一批用户。在微信公众号平台上，种子用户有着它特有的优势作用，主要是值得信赖、影响力大和活跃度高。

具有诸多优势的种子用户，不可能在选择上是随机和随性的，而是应该经过了严格意义上的筛选的，必须在以下4个方面加以特别注意才能获取的。

（1）质量与数量的关系。从这一层面来说，种子用户明显是更加注重其质量的，而不是过分地追求数量上的多。

（2）与公众号的关系。种子用户的选择还应该注意其性格上的特征，要求其性格与公众号风格能够尽量符合。

（3）与微商产品、品牌的关系。从这一层面来说，种子用户需要在某一方面与其属性相符，才能更好地契合产品或品牌的价值体现。

（4）涉及的推广影响力。从这一方面来说，种子用户必须与目标群体间有着强关系，必须能利用其影响力对目标客户产生引导阅读的作用。

对于微信公众号的种子用户来说，其最主要的特征是在各类媒体和平台上互动频繁，具体表现如图11-1所示。

在了解了种子用户的上述诸多信息的基础上，接下来就介绍和分析怎样寻找和培养微信公众号的种子用户。关于这一问题，微商可以基于种子用户愿意主动分享、互动活跃的特征来进行种子用户的选择，而种子用户的选择范围和途径主要包括三类，具体内容如下。

（1）同行业的朋友。这一类型的种子用户选择范围主要是基于其专业性而言的。他们都是行业领域内的专业人士，在干货内容提供和分享上有着特有的优势，且能更好地提升公众号的专业能力和水平。

第11章
公众号引流：17大方式，水源不断才能财源滚滚

图11-1　微信公众号的种子用户平台互动频繁举例介绍

（2）微商合作伙伴。这一类型的种子用户选择范围主要是基于其关联性而言的。他们虽然可能对公众号平台内容不精通，但是他们有着巨大的相关联的推广资源，可以为公众号提供更广泛的合作机会和推广机会。

（3）名人效应。微信公众号可以基于公众号账号主体的管理者的知名度和人脉资源，或是基于外界明星和名人的粉丝关注度，以此来进行种子用户的粉丝经营，是一种获取更多目标用户关注的培养种子用户的有效方法。

11.1.2　2大方面，进一步积累初始用户

在经过一个精挑细选的种子用户期后，接下来微信公众号运营的粉丝推广就进入了一个获取初始用户的发展阶段。

在获取初始用户的粉丝推广阶段，主要是微信公众号利用一系列途径和方法来进行推广以获取注册用户的阶段。在初始用户阶段，其粉丝获取的特征主要表现在两个方面，一是数量多，二是范围广。

关于微信公众号初始用户的获取，并不是可以快速完成和实现向用户增长期过渡的，它是需要微商利用各种方法进行逐步推广才能渐渐增长的。

因此，在进行初始用户的获取过程中，公众号的账号主体和微商可以通过具体的目标量化来完成。也就是说，微商有必要在初始用户期的开始推广阶段就设定一个关键绩效指标（KPI），对公众号的粉丝增长提出某一时间段内的总体目标，然后再进行具体分配，并通过往期经验总结优劣得失。

这样的做法，既能把目标具体化，从而指导微信公众号运营，又能推动微商为粉丝的进一步积累而努力。

那么，在粉丝增长目标量化的方法指导下，微商可以通过哪些渠道来实现初始用户的获取呢？关于这一问题，可以从两个方面进行考虑，具体内容

如下。

1. 现有媒体平台进行挑选

随着互联网和移动互联网的发展，媒体平台如雨后春笋般不断涌现，面对这一社会背景和平台优势，获取粉丝已经不再是一个非常难的话题了。那么，关于微信公众号的粉丝积累，该如何选择媒体平台进行引流推广呢？现阶段，容易进行引流推广的媒体平台主要包括4类。接下来，笔者将具体讲述如何利用这些媒体平台吸粉引流。

（1）利用微信群。这也是基于微信界面的获取初始用户的方法。一般来说，很多人都会关注和加入很多与行业相关的微信群，微商可以利用加入的微信群推送关注微信公众号的信息。

（2）利用微博。利用个人微博，把微信公众号的二维码图片放上去并公布其公众号，也是一种有效的吸粉引流方法。然而，利用这一种方法获取初始用户的过程中，有两个需要注意的问题，一是需要有一定的粉丝基础，二是需要注重微博运营的内容和互动。

（3）利用QQ。在QQ这一社交平台上，也有着大量获取初始用户的机会。特别是利用QQ群和QQ空间，可以基于同行业的QQ用户，达到获取初始用户的粉丝积累目的。

（4）自媒体平台。随着自媒体平台的进一步发展，利用这一方法获取初始用户是一种能持续带来流量和粉丝的方法。特别是伴随着爆款软文在自媒体平台上的推送，既能促进爆款软文的进一步传播，又能获取忠诚粉丝，可谓一举两得。

2. 推广渠道选择有优势的

在上面的诸多方法中，总有一种是微商所擅长和具有充分优势的，把它运营和发展成为一个能稳定获取粉丝的渠道，对于微商自身和公众号粉丝推广有着非常积极的促进作用。在所擅长的推广渠道的支撑下，既能节省运营的精力，又能获取更好的效果，这对于微信公众号来说当然是一种明智的选择。

11.1.3　2大方式，大力促进用户增长

经过了种子用户期和初始用户期的粉丝推广，微信公众号的粉丝推广已经有了一定规模的用户基础。在此情况下，接下来的用户增长期的粉丝推广将呈现出两大特征：一是力度加大，二是见效更快。

而呈现出两大显著特征的粉丝推广，其具体策略可从两个方面进行考

第11章
公众号引流：17大方式，水源不断才能财源滚滚

虑：一是继续利用一些免费的推广方法促进粉丝发展，二是利用一些能有效吸引粉丝关注的付费方式来进行推广，具体内容如下。

1. 免费推广方式促进粉丝发展

在微信公众号运营中，微商还是可以充分利用一些免费方式来进行公众号推广的。具体说来，包括以下三种方式。

（1）保持擅长的渠道继续进行维稳推广。这既有利于与初始用户期的推广方式衔接，又是一种保持粉丝持续而稳定地增长下去的推广方式。

（2）利用微信小号。在微信公众号运营中，众多微商都会选择利用多个微信小号来引导粉丝关注公众平台大号，是微信平台的内部整合运用，也是大小号之间的互相推广。

（3）公众号互推。除了可以利用上述两种方法来免费推广微信公众号外，微商还可以选择与同行业的微信公众号合作，相互之间进行账号互推，这种同行业的互推方式能让双方互惠互利，实现共赢。

2. 付费推广方式吸引粉丝关注

微商除了可以利用以上免费的推广方式发展微信公众号粉丝外，还可以根据自身条件适当地进行付费推广，具体方法如下。

（1）开展公众号活动。在微信公众号上，微商是可以利用一些能提供给读者一定利益的活动来引起用户关注和分享的，从而发展粉丝。图11-2所示为"手机摄影构图大全"微信公众号发布的投稿活动的软文案例。

图11-2 "手机摄影构图大全"的投稿活动的软文案例

（2）利用微信或微博大号。在互联网社交平台上，微博和微信是两种非常活跃的交际与互动工具。特别是一些大型的微信账号和微博账号，每天都有众多的读者在关注。利用这些平台的用户基数，在交付一定费用的情况下进行推广，可以说是一种省时省力的公众号简便推广方法，可以发展大量的质量比较好的粉丝。

11.2 3大招，实现精准引流

所处的行业不同，服务的对象和经营的范围以及产品也就会有所不同。微商想要成功地发展自己的微信公众号和微店，除了要拥有一个巨大的人流入口，还需要有更精准的人流入口带动销售与运营。下面笔者介绍进行精准有效吸引人流、实现营销和运营目标的方法。

11.2.1 用户定位，圈定有效人群

客户要求高质量的产品和微商要求高质量的粉丝是同等级概念的。如果不对目标群体进行准确的定位，那么吸引过来的粉丝很有可能都是一些"僵尸粉"。这样的粉丝数量只能算是一个数字，对于微商的营销没有任何价值。

例如，苏宁易购这一主体，经营的产品方向主要是电子电器类，那么它的目标用户群则会是上班族、家庭主妇、电器商和对电器有需求的，而不是需要衣服、饰品、化妆品的。因此，"苏宁易购"微信公众号也应该基于这一用户定位来推送内容，吸引粉丝关注。

下面笔者介绍一套有效定位粉丝的方法，如图11-3所示。

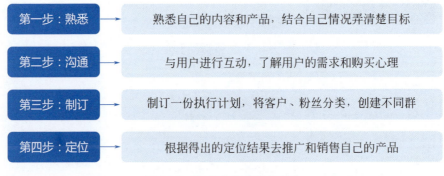

图11-3 有效定位粉丝的方法

11.2.2 多样内容，吸引海量用户

我们都知道，微信公众号展示内容的方式包括图文、信息、视频、文本等，不管是在以前的网络营销，还是现在的微信营销，只有丰富的、有趣的、有特点的内容才更能吸引人。

在微信公众号运营中，很多微商学会了以H5化的方式进行微信内容展现，使微商公众号页面可以多层次、多角度去展现内容，再配上诸多实用性的和个性定制的功能，可以更加吸引粉丝的关注。下面继续介绍微信公众号运营中三个利用内容吸引用户的要点。

1. 内容富有个性

个性化内容是微商最难把握的一个要点。因为要打造真正意义上的个性化内容既没有标准，又不是一件很容易就达成的事，特别是在需要持续更新内容的情况下，会是一个很艰巨的任务。

在此，笔者就从简单易操作的方面来说，微商可以取巧，以表达形式的个性化代替内容内涵的个性化，即利用图文、长图文、短视频和文字等诸多形式来推广，这样也是打造富有特色的个性化内容的技巧之一。

2. 内容丰富有趣

丰富有趣，指微信公众号的内容要有足够的新意和吸引人的地方，就算不能做到让内容全部都具备创意和新意，那也要做到让发布的内容不至于太过空洞无聊。另外，"情感类"的内容也可以归类到丰富有趣的内容中，能引发用户情感上和心理上的共鸣，也是很吸引粉丝的。

3. 带来利益驱动

利益驱动，指公众号主动适应用户需求，发布的内容具备一定的实用性，既可以为用户传授生活常识，也可以为用户提供信息服务。总而言之，用户能够从推广的内容中获取到某种形式或某方面的利益，他们才会成为微商产品的追随者。

11.2.3 点赞转发，利用功能引流

一般来说，只要公众号的产品好，那么用户也是不会吝于点赞的。而要想让用户进一步转发，那么他们一般会基于两个方面的原因：一是因为有利益关系存在，二是主观认为被转发者有这方面的需求。

正是因为如此，公众号运营者可以设置一些活动或提供丰富多彩的内

容,一方面让用户主动转发或购买,另一方面也可以在其中提供一些切实的利益,让用户帮助点赞转发。

因此,在目前各大平台提供了点赞、转发功能的情况下,可以积极发挥它们的作用,让用户在关注平台的时候乐于进行点赞转发。

但是在微信公众号运营后期,微商必须根据用户的需求不断地增加、提升和完善内容和活动,使这一功能利用更加全面。而对于大品牌营销而言,就需要针对目标群体进行个性化的定制。

11.3 11种妙招,打造百万粉丝账号

对于微信公众号而言,它是基于微信而生的,因此,积极发挥微信这一拥有庞大用户量的社交媒体平台来吸粉不失为一个好办法。那么,利用微信平台,怎样才能在较短时间内快速实现引流目标呢?下面介绍11种常用的吸粉技巧。

11.3.1 爆款文章:实现大范围引流

"内容为王"这一理念是适用于整个运营过程的,在引流方面更是有着莫大作用,有时候一篇吸引人的爆文能瞬间吸引大量粉丝来关注自身的公众号。那么什么样的内容才能称之为爆文,爆文又应该如何打造呢?下面分别从宏观和微观方面来进行讲解。

1. 从宏观角度观察

从宏观角度来看,爆文内容应该具备以下三个特点。

(1)*内容要有特色*。在微信公众平台的内容方面,要把握好以下两个要点,才能提升平台内容特色。一是个性化内容。个性化的内容不仅可以增强用户的黏性,使之持久关注,还能让自身公众号脱颖而出。二是价值型内容。微商一定要注意内容的价值性和实用性,这里的实用是指符合用户需求,对用户有利、有用、有价值的内容。

(2)*增强内容的互动性*。通过微信公众平台,微商可以多推送一些能调动用户参与积极性的内容,将互动的信息与内容结合起来进行推广,单纯的互动信息推送没有那么多的趣味性,如果和内容相结合,加大内容的互动性,就能够吸引更多的人参与其中。

(3)*激发好奇心的内容*。微商想要让目标用户群体关注公众号,那么从

激发他们的好奇心出发,如设置悬念、提出疑问等,往往会有事半功倍的效果,远比其他策略要好得多。

> 不论是哪方面的内容,只要能够帮助用户解决困难,就是好的内容,而且,只有有价值和实用的内容,才能留住用户。

2.从微观角度出发

上面从大的内容方向上对爆文要具备的特点进行了阐述,下面将从具体的因素出发,谈谈怎样打造爆文,具体方法如图11-4所示。

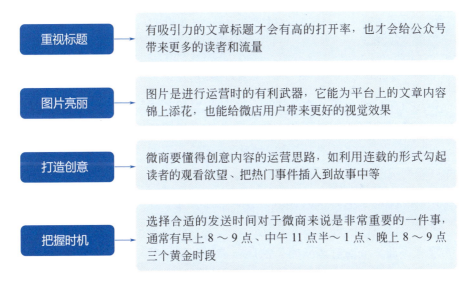

图11-4 从内容的微观因素方面打造爆文的方法

11.3.2 社群:吸引更多同类人加入

在互联网迅速发展的推动下,我国已走进了社群经济时代,每一个社群里的成员或是有共同的爱好,或是有共同的目标。总之,社群里的成员都是由某个点来维系的。而微商在吸粉引流过程中要做的是撬动这个点,让用户关注自身公众号。那么该如何运营好社群呢?有以下四点,具体如图11-5所示。

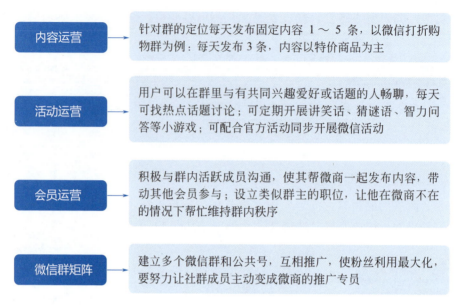

图 11-5　运营好社群的方法

有些微商可能会犯这样的错误——与社群里的成员稍微熟悉之后就疯狂推广,其实这是不明智的。因为和你同处一个社群的成员都是有着个人的喜好、思想的,这样的做法只能给他们留下不好的印象。那么,微商应该怎样利用社群引流呢?

1. 制订计划,培养铁杆粉丝

微商可以通过制订详细的粉丝计划来大力培养自己的铁杆粉丝,树立相同的观念,最终成功打造成拥有铁杆粉丝的社群运营平台。微商在"培养铁杆粉丝"的过程中,可以从以下三方面出发,一步一步地进行铁杆粉丝的培养计划。

(1)聆听用户的心声、与用户互动、耐心与用户对话。只有这样粉丝才能感受到被尊重的感觉,提升用户体验。

(2)从粉丝需求出发,通过奖励来提升粉丝的活跃度。分析粉丝的需求、制订好奖励计划,送上用户需求的礼品,这样能大大地增加粉丝的体验,进一步巩固粉丝的留存率。

(3)与粉丝进行线下活动。微商可以在社群运营过程中发布一些活动,为粉丝提供参与的机会、有趣好玩的经历以及优质的用户体验,使其获得更强烈的粉丝认同,从而与用户维持亲密关系。

2. 打造口碑，让用户乐于推广

在社群运营中，想要让用户乐于推广，就需要使用一些小窍门，比如赠送优惠的礼品，用户之间的口碑推荐等来打响微商品牌，为品牌树立良好形象。

而社群运营中口碑的打造是需要粉丝的努力的，主要是在粉丝认可产品、品牌的基础上，心甘情愿地推荐给自己身边的人，从而形成口碑。一般来说，形成口碑的途径主要如图11-6所示。

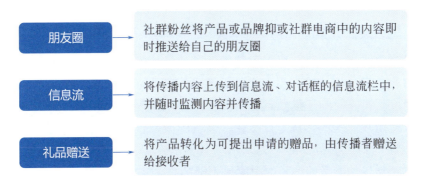

图 11-6　形成口碑的途径

赠送礼品是树立产品好口碑的较好途径，因为用户很多时候在乎的是实际的利益，如果微商在社群之中营造了赠送礼品、优惠券、折扣等良好氛围，那么用户自然而然就会主动帮忙宣传，传播品牌。

3. 塑造品牌，扩展自身人气

微商在进行社群营销时，需要注意5个方面的问题：一是有自己的独特观点，二是把产品信息介绍详尽，三是要学会互动，四是要学会分享干货，五是要传递正能量，树立好口碑。

例如，致力于打造美食的微商可以通过微信朋友圈发布一些关于美食制作的技巧，或者是配上带有文艺气息的文案，就能有效吸引用户的注意力，从而增加用户黏度，打响微商品牌。

11.3.3　小程序：利用实用性引流

小程序一般是与微信公众号关联在一起的，因此，运营好小程序，是有利于吸引用户关注公众号的。下面介绍几种运营小程序的方法。

1. 提供特定场景

对于小程序来说，实用性可以说是制胜法宝之一，那么，如何体现小程序的实用性呢？其中较为简单和直接的一种方法就是提供特定的实用场景，创造机会让受众使用小程序，并将这一行为变成一种习惯，从而有效地增加用户的使用率。

提供特定场景对于以功能取胜的小程序来说尤其重要，因为实用场景的创造不仅是增加小程序的使用率，更是对品牌的有效宣传，只要使用场景做好，便可以争取大量用户。

2. 融入潮流元素

时刻关注市场趋势，可以了解其他微商是如何提升用户体验的，进而改善和提高自身小程序的吸引力。分析流行的产品特色，重点是保持小程序的创新力度，第一时间了解微商所在领域的流行趋势。

打造用户体验的方法不计其数，但有的微商仅仅关注小程序本身，或者是小程序的相关服务，而忘记从市场其他的产品和微商中吸取经验。很显然，这种借鉴、参考的方法的力度是不够的。

那么，微商在打造消费者体验的过程中，具体应该怎样根据市场潮流趋势增加小程序的新鲜体验呢？笔者觉得微商不妨先认真观察市场的潮流走向，然后把自身营造方法与别人对比，最好再总结经验教训，为己所用。

根据市场趋势适时调整小程序，通过潮流元素的增加，让用户获得新鲜感的体验本身是可取的，但微商也要注意保持小程序自身的品牌初衷和主要宗旨，而不能盲目跟风，随意改变。

3. 带入新奇创意

创意是任何小程序都需要具备的特质，而用户体验的打造也少不了创意这一要素。创意带给用户的远远不只是乐趣，更是理性与感性的双重洗礼。

以购物类小程序为例，微商要想为消费者提供至尊的购物体验，就需要从广告宣传、产品包装、产品销售、产品服务的创意上下功夫。只有这样才能带给用户与众不同的购物体验，而且还能给用户留下独特的印象，使其经久不忘。

那么，要怎样通过创意来增加用户的体验感受呢？笔者认为，微商主要需要把握好四个要点，具体内容如图11-7所示。

第11章
公众号引流：17大方式，水源不断才能财源滚滚

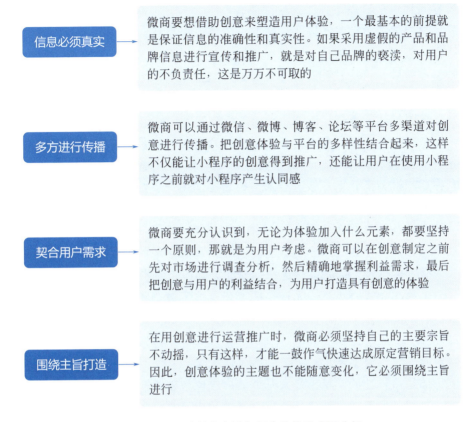

图 11-7　通过创意来增加用户的体验感受分析

11.3.4　大号互推：粉丝共享达到双赢

大号互推，是微信公众号营销和运营过程中比较常见的现象，其实质是微商和微商之间建立账号营销矩阵（指的是两个或者两个以上的微商，双方或者多方之间达成协议，进行粉丝互推，提升双方的曝光率和知名度，最终有效吸引粉丝关注），可以达到共赢的目的。

1. 寻找合适大号进行互推

大号互推，其结果要求是双赢，因此，在选择合作的大号方面要慎重，要双方得利，这样才能合作愉快并维持稳定的互推关系。那么，从自身方面来看，应该怎样选择适合自己的大号呢？

（1）*大号是否名副其实*。如今，不同的平台，不仅粉丝数量有差异，粉

丝质量同样也是参差不齐，这就使得有些"大号"不能称之为真正意义上的大号，这就要求微商对新媒体账号有一个判别的能力。

具体来说，可从新榜、清博等网站上的统计数据来查看其平台内容的阅读数、点赞数、评论数和转发率等参数。当然，有些平台账号的这些参数明显是有水分的，就比如一个平台账号每天推送内容的阅读数、点赞数都相差无几，这时候就要特别加以注意了，其参数的真实性值得怀疑。

（2）用户群、地域是否契合。一个公众号账号的用户群和地域分布，一般是有其规律和特点的，微商就应该从这一点出发来选择合适的大号。首先，在用户群方面，就应该选择那些有着相同用户属性的大号，这样的大号的用户群才有可能被吸引过来。

其次，从地域分布来看，假如微商想在某个区域做进一步的强化运营，那么就可以选择那些在那个区域有着明显的品牌优势的大号；如果微商想要做更大范围的运营，那就应该选择那些业务分布广泛的大号。

（3）选择合适广告位。无论是线上还是线下营销和推广，广告位都非常重要。特别要注意的是，不是最好的就是最合适的。选择合适的大号互推也是如此。

一般来说，植根于某一平台的新媒体大号，它所拥有的广告位并不是唯一的，而是多样化的，且越是大号，其广告位也就越多，而效果和收费各有不同。此时就需要微商从自身需求、预算和内容等角度出发，量力而行进行选择了。

在微信公众平台上，其广告位有头条和非头条之分，这是按照广告的条数来收费的，当然，头条和非头条的价位也是明显不同的，头条收费自然是最贵的。除了这些呈现在内容推送页面的广告位外，还有些是位于推送内容中间或末尾的，如Banner广告（末尾）和视频贴片广告（中间）等，这些广告既可以按条收费，也可根据广告效果来收费。

2. 最大限度地提升互推效果

在找到了互推资源并确定了一定范围内的合适的互推大号后，接下来微商要做的是怎样最大限度地提升互推效果，也就是应该选择何种形式互推才能获取更多的关注和粉丝。

（1）筛选参与大号。最终确定互推的参与人就是提升互推效果的关键一环。此时可从两个方面去考查，即互推大号的调性和各项参数，具体分析如图11-8所示。

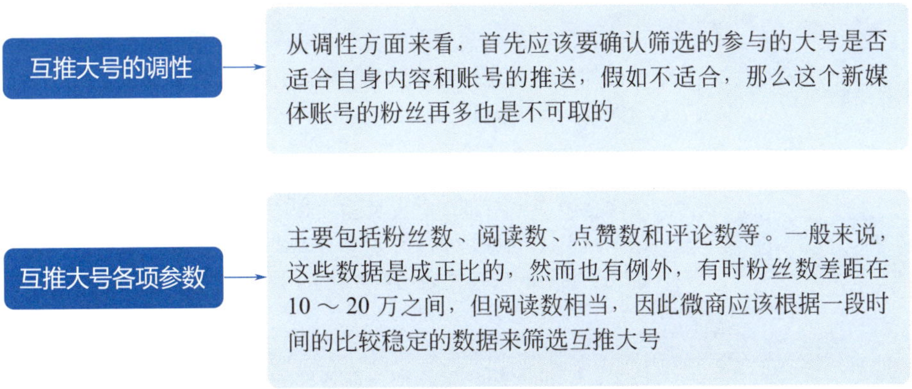

第11章　公众号引流：17大方式，水源不断才能财源滚滚

互推大号的调性 → 从调性方面来看，首先应该要确认筛选的参与的大号是否适合自身内容和账号的推送，假如不适合，那么这个新媒体账号的粉丝再多也是不可取的

互推大号各项参数 → 主要包括粉丝数、阅读数、点赞数和评论数等。一般来说，这些数据是成正比的，然而也有例外，有时粉丝数差距在10～20万之间，但阅读数相当，因此微商应该根据一段时间的比较稳定的数据来筛选互推大号

图11-8　筛选互推大号介绍

在根据图11-8中的两个方面进行综合比较和分析之后，就是最终确定筛选结果和选定互推的参与大号了。此时笔者要提醒大家的是，不要忘记各个关于新媒体平台的排行榜，灵活参考效果将更佳。

（2）建立公平规则。公众号微商在文案中进行互推时，建立公平的规则是很有必要的，只有这样才能长久地把互推工作进行下去，否则极有可能半途夭折。而要设定公平的互推规则，有两种方法，即"一头独大"的固定式互推排名和"百花齐放"的轮推式互推排名，具体内容如下。

"一头独大"的固定式互推排名：其中的"固定"意在组织者或发起人的排名是固定的，而不是指所有的互推的排名都是固定不变的，其他大号的排名是以客观存在的公众号排行上的某一项参数或综合参数为准来安排的。这种排名方式一般是对组织者或发起人有利的方式，但是并不能说这种方式是不公平的，因为相对于其他大号来说，组织者或发起人的工作明显更繁重，所有相关的互推工作都需要统筹和安排。

"百花齐放"的轮推式互推排名：为了吸引那些质量比较高、互推效果好的大号参与，组织者或发起人也有可能选择轮推的方式来进行互推排名。这里的"轮推"是把组织者或发起人安排在内的，他（她）也按照轮推的方式来进行互推排名，而不是像"一头独大"的固定式互推排名一样总是排在互推的第一位。

（3）创意植入广告。事实证明，公众号如果强推互推，不仅达不到预期的效果，反而会引起用户不满。微商要想在文案中植入互推广告，必须把握两个字："巧"和"妙"。那么具体如何做到这两点呢？有以下几个策略可供参考，如图11-9所示。

图片植入法	→	相比纯文字的信息，图片加软文的方式更加受用户的欢迎。通过加入图片来进行表达或者描述互推微商的微信公众号，会更容易收到效果
视频植入法	→	在软文中加入一段互推大号的视频或者语音，宣传效果会更好，如果还想要更好，可邀请名人或明星来录制，若觉得请名人、明星的成本太高，可以让大号门面人物来录制
舆论热点植入法	→	每天，手机上都会接收到各种各样的关于网络舆论热点人物或者事情的报道，它们的共同特点就是关注度高。微商可以借助这些热点事件撰写内容，然后将互推广告植入进去
故事植入法	→	故事因为具备完整的内容和跌宕起伏的情节，所以比较吸引大家的期待，关注度相对高。微商植入互推广告时，可以充分借用这一手段，改变传统的大相径庭的广告硬性植入方式

图 11-9　创新互推文案的策略介绍

11.3.5　通过活动：调动用户参与引流

通过微信公众平台，微商可以多策划一些有趣的活动，以此来调动用户参与活动的积极性，从而拉近微商与用户的距离，并以此留住用户。

除了发布活动之外，微商还可以通过其他的活动策划来拉近与用户之间的距离。例如，通过小测试拉近用户的距离、通过设置各类专栏与用户展开积极的互动等，只有用户参与其中了，才会对微商创建的微信公众平台有归属感和依赖感。

无论是大品牌微商还是小品牌微商，为粉丝定期地策划一些有心意的活动，是一种很好的增强粉丝黏性的行为，而在有新意的活动策划中，最重要的一个环节就是对目标群体和活动目标进行分析，具体内容如下。

（1）微商的目标人群是哪些？

（2）他们最需要什么？

（3）什么样的东西最吸引他们？

（4）本次策划活动的最终目的是什么？是为了增加用户的黏性，还是为了增加销售额？

第11章
公众号引流：17大方式，水源不断才能财源滚滚

只有对自己的目标用户和营销目的有了专业的、精准的定位分析，才能策划出吸引人的活动方案，而只有微商策划出了吸引人的活动方案，才能留住用户，提高粉丝的黏性。

相对于传统的营销活动来说，微信活动的策划并不拘泥于某种固定的形式，微商可以采用某种单一的形式，也可以同时兼具多种方式进行活动的策划。微信策划活动如果做得好，还可以打通线上线下，这样不仅加大了宣传的力度，同时也获得了更多的用户关注率，吸引更多用户的参与。

11.3.6 线上微课：极具针对性的引流

线上微课是指按照新课程标准及其教学实践的要求，以多媒体资源（电脑与手机等）为主要载体，记录教师在课堂内外教育教学过程中围绕某个知识点而开展的网络课程，通过线上微课也能进行微商公众号引流。

线上微课的特点主要有如下几点：教学实践较短；教学内容较少；资源容量小；资源组成情景化；主题突出、内容具体；草根研究、趣味创作；成果简化、多样传播；反馈及时、针对性强。

例如，"手机摄影构图大全"微信公众号就推出了线上微课，具体内容如图11-10所示。

 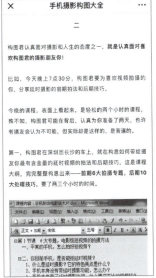 

图11-10 线上微课引流示例

11.3.7 征稿大赛：效果更高的引流

微商可以通过在微信公众号上开展各种大赛活动，进行吸粉引流。这种活动通常在奖品或者其他条件的诱惑下，参加的人会比较多，而且通过这种大赛获得的粉丝质量都会比较高，因为他们会更加主动地去关注公众号的动态。微商可以选择的大赛活动类型非常多，但是原则是尽量跟自己所处的行业领域有关联，这样获得的粉丝才是有高价值的。

微商可以根据自己的公众号类型，在平台上开展征稿大赛，这种做法可以是为自己的平台要推送的文章进行征稿，也可以是为自己平台的产品进行的征稿活动。采用征稿大赛吸粉引流，可以借助设置一定的奖品来提高粉丝的参与度。

微商举行一次征稿大赛活动，如果活动过程中涉及网络投票，那么微商在这个环节一定要注意刷票情况的出现。在征稿大赛活动中，防止刷票是非常重要的。防止刷票能给每一位参赛者一个公平竞争的机会，能确保选出的获胜者拥有真正的实力，也能够有效防止微商以及参赛者的账号被平台系统封号。

微商在策划征稿活动的时候，在投票环节还需要注意的一点是，要做好用户的投票体验。做好用户的投票体验指的是，用户在给参赛者投票的时候，投票的方式要尽可能的方便一些，不要太过于烦琐。

提升用户投票体验和效率可以通过在投票平台上设置一些小功能实现。例如，微商可以在投票页面设置一个搜索栏，这样用户进入投票页面后，就可以直接在搜索栏中搜索参赛者的名字或者参赛号码，然后就可以给参赛者进行投票。这种方法可以防止参赛者排名靠后，用户需要一页一页浏览去寻找参赛者而带来的麻烦。只要将用户的投票体验提升了，用户的投票效率自然而然就会相应的有所提高。

11.3.8 网络大赛：方式多样化引流

开展网络大赛，指的是微商在自己的微信公众号上举办一个网络比赛活动。活动的类型可以是多样的，比赛主办方会根据活动的情况设置一定的奖品，参赛者要在微信公众号上报名，由网友提供投票，选出最终的获胜者。整个比赛活动的过程可以采用晋级制的，也可以是一轮定胜负的。

11.3.9 官方网站：企业型账号引流

如果微商公众号是企业型账号，并且拥有官网，就可以通过自己的官网

第11章
公众号引流：17大方式，水源不断才能财源滚滚

进行引流。通常，在官网中的宣传，大多是通过软文或者活动来吸引用户，然后将他们引入到自己的微信公众平台上，但是在宣传推广的过程中还是要注意以下几点内容，如图11-11所示。

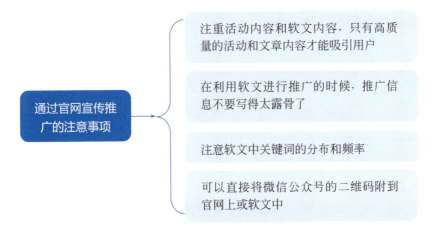

图11-11　通过官网宣传推广的注意事项

11.3.10　硬件设备：3种设备提升效果

微商在进行公众号引流的过程中，还可以通过微信广告机、二维码发票和WIFI这三种硬件设备来吸粉，提高引流的效果。

1.用微信广告机来吸粉引流

微信广告机是一款硬件产品，可以通过加好友、群发消息、快速而精准地推广微商消息，现在很多微商都在用微信广告机做推广。微信广告机的主要商业价值有以下几个方面。

（1）多功能终端。粉丝在体验照片快捷打印的时候，广告机通过事先设置好的微信宣传方案，可以让粉丝快速关注微商公众号，以此来提升公众号关注度。

（2）全方位宣传。广告机可以用它本身带有的视频、图片以及一些其他功能来进行宣传，不仅如此，正在不断更新的广告模式可以让广告机用网络远程来宣传产品广告，且能分频管理宣传，让每一个广告都有效地宣传进群众中。

（3）照片互动宣传。微信广告机通常具备照片打印功能，10秒钟就可打印一张照片，可采取打印手机照片收费的方式来增加收益。照片下端还可印

刷广告，给粉丝关注微信公众号进行一个"长尾宣传"，让广告信息和品牌价值传递给更多的人。

（4）提升品牌形象。通过微信广告机，用户可以快速制作自己的LOMO卡，提升商品在用户心中的形象，让品牌传播从被动变为主动，不仅巩固了现有的品牌消费者，更带动潜在消费者，实现品牌价值快速提升。

（5）微信加粉利器。用照片的方式与客户进行互动，既方便快捷地给了客户直观、真实的感受，节省了广告成本，又能让客户主动扫描二维码，达到了吸粉的效果，提高了微商的销售额和关注度。

2. 用WIFI来吸粉引流

现在有种吸粉神器，可通过关注微信公众号实现WIFI上网功能的路由器，特别适合线下的商家。再好的微商，都需要做WIFI入口导航，否则很难积累粉丝。用WIFI广告软件，可以将公众号引流做到极致。

例如，WE-WIFI是国内独家基于微信公众号关注关系，实现"免费WIFI+微信关注即登录"的WIFI上网与认证产品，用户无需重复认证上网操作，只要微信的关注一直保持，下次到店即可自动连上WIFI上网。

3. 用二维码发票来吸粉引流

消费者在购物时，通常会向商家索要发票，有一些微商的发票上是携带着公众号二维码的，这些发票就是使用二维码发票打印机进行打印的。

随着打印机技术的发展，发票二维码打印机也成了时尚的选择。这种带有公众号二维码的发票具有更好的引流功能，在使用过程中受到了微商的喜爱。

11.3.11 邮箱：分享精彩、有趣的内容

QQ群有一个群发邮件的功能，微商可以先建立一个QQ群，然后通过群邮件的功能，将微信公众平台上一些精彩的内容推送给大家，如果群成员觉得推送的内容很有趣，就会主动添加关注微信公众号。

第 12 章

自媒体入行：15个技巧，让品牌更上一层楼

学前提示

凡事预则立，不预则废。既然决定要将微商自媒体的品牌经营作为一项事业，那么它就和任何一项工作一样，需要自己认真、负责并有担当一切的能力。本章最大的亮点就是要教会读者玩转微商自媒体的技巧，玩出一种态度，玩出一种高度。

要点展示

- 3大方面，做好自媒体人应有的心理准备
- 4大内容，做好自媒体人应有的操作准备
- 4大准则，经营自媒体应该注意什么
- 4大内容，自媒体经营中不能做什么

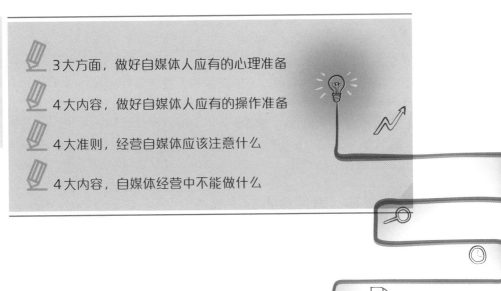

12.1　3大方面，做好自媒体人应有的心理准备

决定自己经营一个自媒体，有可能只是一瞬间的冲动。但如果你希望自己的自媒体有所成长，希望自己能像其他成功的微商自媒体一样收获名誉和利益，就需要用一种积极的态度去对待它，摆正态度、做好心理准备是尤为重要的第一步。本节主要向读者介绍经营微商自媒体所需要的专注、坚持与学习的重要性。

12.1.1　专注：直接影响后续发展

自媒体开放以来，由用户转化为经营者的人如鲤鱼过江般广而泛、多而杂。真正做得好的却是少之又少，除去能力有限不说，这里面很大的一部分原因，就是这些经营者杂念太多不够专注。专注对于自媒体经营的重要性，主要来说有四点：一是坚持经营，二是找准定位，三是优质内容，四是粉丝认同。

自媒体运营者对自己的账号不够专注有三个方面的原因，一是纯粹进来凑个热闹，并没有想要在自媒体界作出一番作为的想法，这是态度问题；二是意志力不够坚定，总想着借鉴他人，看着别人做什么内容做得好就跟风，完全不考虑自己的定位和特长，这是能力问题；三是对其他工作投入太多，根本分不出精力来管理自己的账号，这是时间问题。

专注是微商自媒体摆正态度的第一步，却也是直接影响后续发展的一步。进入自媒体，专注地在这一领域深耕，往往专注能解决一些能力上的不足。选好定位，做自己擅长的事，不要总是跟别人比，越比较越迷茫，瞻前顾后、左右摇摆会毁掉自己的事业，把力道都集中在一个点上，就会有水滴石穿的效果，越专注，时间越长，经验和感情的积累在粉丝心中会转化成认可。

12.1.2　坚持：要注意方向正确性

坚持是专注的外在行为表现，二者血脉相连，做过微商自媒体的人就能体会，坚持做好微商自媒体是一件比盖百层高楼还要难的事，更像是修长城一样，比的不是建成的速度，而是宽度，比的是坚持。下面对坚持做微商自媒体的四大难题进行图解分析，如图12-1所示。

第12章
自媒体入行：15个技巧，让品牌更上一层楼

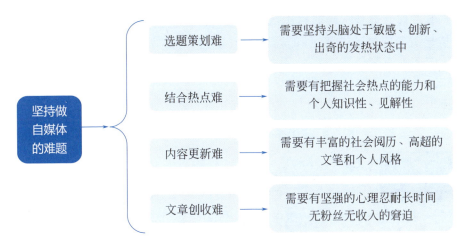

图 12-1　坚持做自媒体的四大难题

坚持做自媒体的难题，除了以上四大凭自身能力解决有困难的难题外，还有社会导向和行业竞争的打击，让整个行业都绝了生机，如在微博和微信联手打压下博客的惨败，这是个人再如何坚持也无法挽回的。下面，笔者简单说明QQ、博客、微信和微博自媒体人的发展对比分析，如图12-2所示。

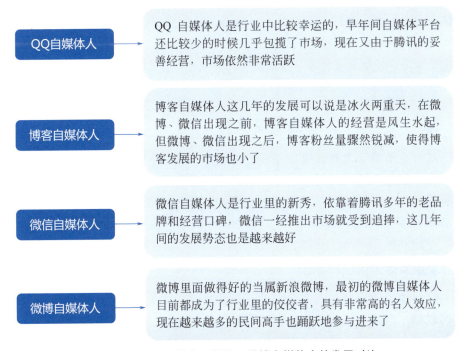

图 12-2　QQ、博客、微信、微博自媒体人的发展对比

微商创业一本通：
软文+朋友圈+公众号+自媒体+自明星

做自媒体经营，需要自媒体人的坚持，但是也要注意力气用在刀刃上，坚持是有方向性、选择性和灵活性的，坚持对了才叫坚持，坚持错了叫顽固。下面对自媒体人坚持的方向性、选择性和灵活性进行分析，如图12-3所示。

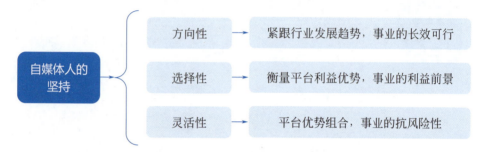

图12-3　自媒体人坚持的方向性、选择性和灵活性

 专家提醒

坚持既有内在的又有外在的，内在的坚持是对做自媒体事业的理念、定位、宗旨不变，外在的坚持是对做自媒体事业的经营方向、经营模式和经营平台不变。从根本上来说，只要内在的理念方针和定位宗旨不变就不能说没有做到坚持，顺应时事，顺应粉丝，有方向性、选择性、灵活性的改变是为了将事业更长久、长效地坚持下去。

12.1.3　学习：5大方面慢慢积累

从上一节经营自媒体难以坚持的原因中了解到，作为一个自媒体人，需要非常丰富的知识和高强度的大脑，然而多数人都不是天赋异禀的超人，可以轻松做到了解天下大势，把握社会百态，抓住读者需要。所以，我们需要多学习和多阅读技术技巧性知识、社会知识、文化知识，慢慢积累经验和能量，厚积薄发。

1.学习技术技巧性知识

知识性的学习是对内在头脑的补充和提升，需要一个循序渐进和融会贯通的过程，而技术技巧性的知识确实是可以速成的，并且自媒体的经营之道就是先学会做形式，再学会做内容，粉丝选择自媒体也是先看对外在形式感不感兴趣，再决定要不要去了解内容，所以建议自媒体人应当先学习一些技术技巧类的知识。

2.学习社会知识

经营自媒体，不论定位多么专业，都一定要关注社会时事，唯有能够把握住社会热点才能准确掌握粉丝的痛点，思考粉丝的需要，为粉丝的需要发出呼吁，是一条快速积累人气的捷径。学习社会知识最好的途径就是看相应网页中的社会新闻和报道。

3.学习文化知识

经营自媒体，心态和形式是首要和前提，但最终内容才是王道，做内容就需要自媒体人有较强的文化基础，并且不断地深化学习，推陈出新，这样自己经营的自媒体在粉丝心中会增色不少。反之，缺少文化积淀的自媒体内容，不论形式做得多么好，都会给人一种金玉其外的感觉。所以，建议自媒体人多读书，多学习文化知识。

4.学习相同领域知识

经营自媒体需要有自己明确的定位，切忌大而泛，杂而不精，尽管学习知识最好尽可能地全面、贯通，但也要注意把自己领域的知识作为一个特区，重点关注，多向他人学习借鉴。比如，在360自媒体平台中，里面的领域划分很细，文章质量也很高。

5.学习兴趣爱好类知识

经营自媒体，基本上是兴趣决定定位，比如喜欢摄影的人就一定会在他的自媒体上发布很多摄影图片，或者介绍给粉丝一些摄影技巧，其他喜欢音乐、喜欢电影的自媒体人也是一样，这不是什么坏事，有明确的兴趣爱好的自媒体人在经营自己的账号的时候定位也会特别明显。

专家提醒

对于自媒体人来说，学如逆水行舟，不进则退，需要每天不间断地学习。一是为了自己所热爱的自媒体事业，二是从某一角度来说，自媒体人相当于是粉丝的人生导师，经营者的一言一行都可能给粉丝带来深刻的影响，所以自媒体人的学习不只是为了自己的兴趣，还要向支持、拥戴我们的粉丝们负责。

12.2 4大内容，做好自媒体人应有的操作准备

经营自媒体的第二步准备工作是做好操作运营工作，定位、平台、人脉、推广的准备，就像东风来临前的万事俱备，这些基本的操作准备决定了今后长远、长效的发展，在人人都可以运营自媒体的年代，你的自媒体需要的是比热血更重要的谋划，结合自身的优势条件，做好打一场硬仗的准备。本节主要向读者介绍经营自媒体前，关于自媒体定位、平台、人脉、推广的重要性。

12.2.1 明确定位：才能有良好效果

在自媒体中的定位就像是现实生活中的GPS定位一样，能让自媒体人找到自己需要的粉丝，也能让粉丝找到自己需要的自媒体，好的定位能实现自媒体人和粉丝的双赢，明确的定位使自媒体的发展得到良好的结果，如图12-4所示。

图12-4 明确的定位使自媒体的发展得到良好的结果

物以类聚，定位也是给自己做一个分类，有了分类以后更方便自媒体人在圈子中寻求伙伴，一起交流成长，或者共同经营，向团队化发展。下面以图解的方式对自媒体的定位进行分析，如图12-5所示。

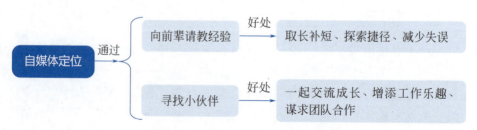

图12-5 自媒体定位区分类别的好处

12.2.2 可靠平台:两大技巧进行选择

本小节主要介绍的是如何多平台利用,分析过QQ、博客、微博、微信自媒体人的发展对比,从QQ和博客这两个老牌的自媒体的平台来比较,QQ自媒体人能一直坚持战斗在自媒体的第一线,博客自媒体人在经历过平台的低谷后只能转移战场从头开始,这跟自媒体平台背后的公司经营有很大关系。

1. 经营良好的腾讯

腾讯公司自1998年创立腾讯QQ以来,用户数从来只增不减,这跟公司以服务用户为首要的战略理念以及精准的市场调研、灵活的市场应对能力和全面创造价值的经营方式是分不开的。下面以图解的方式分析腾讯公司的妥善经营对选择QQ平台的自媒体人的好处,如图12-6所示。

图12-6 腾讯公司的妥善经营对QQ自媒体人的好处

腾讯公司十多年的经营,已经有了非常高的品牌和名望,在这一优势下它所提供的平台,不论是QQ还是微信,都非常受自媒体人的喜爱,腾讯的发展也不负厚爱,保证了选择它的自媒体人能够长久、长效地发展自己的事业。

2. 多平台进行运营

这是一个个性化、多元化的社会,自媒体世界也是如此,现在几乎每个人都是自媒体用户,任何一个自媒体的使用者都可以以"亿"为单位来衡量,万一某个平台里也有许多用户欣赏你的文章,只是不喜欢你所在的平台,那不是很大一笔损失吗?

所以自媒体人应该多向发展,每个平台都可以考虑申请一个账号作为辅助平台,在主要平台上把东西做好,然而背后可以借助辅助平台散发出去,既不浪费过多的精力,又能网罗更多的粉丝。下面对自媒体的主要平台和辅助平台进行相关分析和介绍,如图12-7所示。

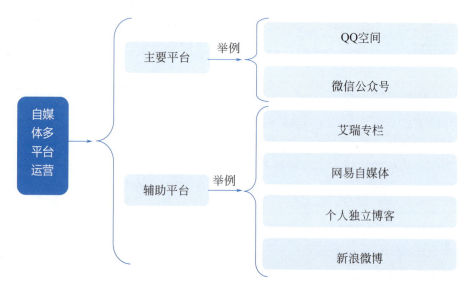

图12-7 对自媒体人多平台操作的经验介绍

一些自媒体人选择微信公众平台作为主平台,都不是出于偶然,而是经过多次试验得出的最佳结论,微博里名人大咖太多,普通人基本只能被名人效应的光环淹没,QQ里朋友都太熟了,其他平台也跟微博的情况差不多,试来试去只有微信公众平台最适合,好友支持度挺高,转载开放度也很高,更重要的是订阅功能的便利性,能让用户很方便地观看、分享文章。

12.2.3 大量好友:实现资源聚拢

好友是资源、是导师、是方向、是途径,好友可以是一切,或者说好友可以给你想要的一切帮助,这样一个道理放在任何一个行业里都适用,在商业化的自媒体运营中更是如此。

1. 业内互助好友

进入自媒体行业,找到自己的定位之后,兴趣相投、志向相同的业内小伙伴就会自觉聚拢在一起,这些人站在同一高度,水平相当,还可以互相帮助。下面以图解的方式对发展业内互助好友的好处进行分析,如图12-8所示。

图 12-8　发展业内互助好友的好处

2. 业内明星好友

在自媒体行业里，要多向行内的成功人士请教学习，要学会站在巨人的肩膀上去看问题和解决问题，这样经营自媒体会达到事半功倍的效果。作为一个新手，有一个自媒体"大牛"的朋友是很有激励作用的。下面用图解的方式对发展业内明星好友的好处进行分析，如图12-9所示。

图 12-9　发展业内明星成为好友的好处

专家提醒

三人行必有我师，不论是业内互助好友还是业内明星好友，一定都有某一方面是值得你去学习的。好友在一定程度上就是人生导师，自媒体人需要广泛发展好友，并保持谦虚的态度向拥有大量好友的人学习，从而掌握如何增加自己好友的方法，将好友的价值利用发挥到最大化。

"朋友多了路好走"，好友多了渠道多，如何有效地找到业内互助好友和业内明星好友，跟他们进行沟通，并建立关系呢？下面为读者介绍四种建立好友关系的方法，如图12-10所示。

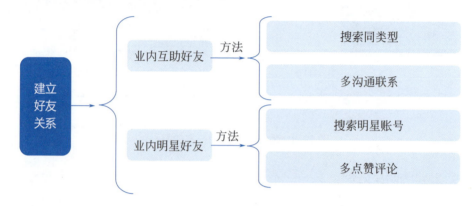

图12-10　建立好友关系的四种方法

12.2.4　强力推广：4种方法吸引粉丝

推广是自媒体运营的核心要素之一，也是自媒体运营的所有操作准备的攻坚阶段，推广就像是一个水瓶的瓶盖，之前的好友积累、平台积累都是这个水瓶里的水，推广做不好，瓶盖打不开，里面的水就倒不出来，之前做的一切准备全都成了无用功。下面以图解的方式对自媒体推广的重要性进行分析，如图12-11所示。

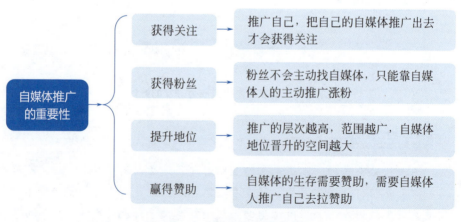

图12-11　自媒体推广的重要性

第12章
自媒体入行：15个技巧，让品牌更上一层楼

初级自媒体人的推广切忌急功近利，不要一开始就想着能拉多少赞助。商业合作性质的推广需要等到账号经营成熟了，有一定知名度和影响力之后才能考虑收益。并且不论是初级自媒体人还是高级自媒体人，原始资本都是粉丝，所以初级自媒体人推广的目的就要锁定在粉丝上。获得粉丝的四种推广方法如图12-12所示。

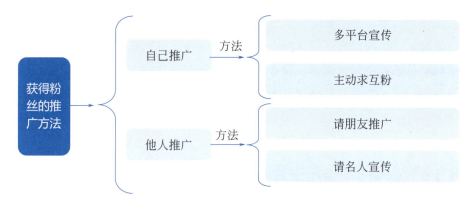

图12-12　获得粉丝的四种推广方法

12.3　4大准则，经营自媒体应该注意什么

自媒体的经营不设门槛不设界限，只要有想法都可以进来凑个热闹，但也正是因为这个原因，自媒体界鱼龙混杂、良莠不齐，真正能把自媒体运营得风生水起前途一片大好的人并不多。经营好自媒体是需要把握好几个准则的，业内人士称之为经营自媒体的黄金准则，本节将向读者介绍经营自媒体的四大准则。

12.3.1　准则1：坚持正能量

在新闻界里有一句话，人的内心都是有点求异的，喜欢猎奇、负面的信息。同作为信息发布的媒介，自媒体消息和新闻消息在这一点上是贯通的。

尽管负面的消息能够迅速吸引眼球引爆舆论，但一味地危言耸听，并不是一个长效发展的有力方法，反而容易让人厌恶、回避。从中国人的心理、性格来分析，类似于心灵鸡汤的东西可能会更受欢迎一些，就像曾有过的恶

性事件一样，自媒体不能一个劲地去挖掘阴暗面，应该在一定程度上冷静地跟大家分析问题、解决问题，把事情带回光明面。

 专家提醒

不论是自媒体界还是整个传播事业中，光明面永远都要多于阴暗面，正能量永远要多于负能量，只专注于做轰动性、眼球性的自媒体尽管会有辉煌时期，但难以长久，最终也是不得善终的。经营自媒体的黄金准则之一就是做正能量的自媒体，做冷静、客观、有智慧的自媒体，尽管在市场效应下，有时不得不抓住阴暗面的东西煽风点火，但最终还是要回到正道上来。

12.3.2 准则2：要乐于分享

在现实中，我们总乐意于和那些喜欢分享的人做朋友，并不是因为贪图那一点小便宜，而是因为乐于分享的人总会让人觉得特别的亲切、友爱，让人不自觉地就会选择去靠近他、相信他。经营自媒体也是一样，做一个乐于分享的自媒体人，粉丝们会更愿意靠近你、支持你，这也是经营自媒体的黄金准则之一。下面以图解的方式讲解乐于分享对于自媒体人的好处，如图12-13所示。

图12-13 乐于分享的好处

真实生活中人们还是自私性比较多，为了运营一个自媒体就改变本性，忽然变得大方、博爱是不现实的，所以还是需要一些技巧。这里就告诉大家一些能让粉丝们感到舒服的分享技巧吧，做到最少的付出最大的回报的分享技巧如图12-14所示。

第12章
自媒体入行：15个技巧，让品牌更上一层楼

图12-14 最少的付出最大的回报的分享技巧

> **专家提醒**
>
> 不可否认，分享的直接目的就是增加自媒体的访问量，而不是真的为了普度众生当免费的老师。主动分享以后，只要稍许的价值体现，就会有人关注你主动跟你讨教，这是你奠定粉丝基础的一条非常好的途径，并且能提高你在粉丝心目中的形象。

12.3.3 准则3：须严格细致

自媒体是一个浮躁的地方，不少用户把自媒体当作一个负面情绪的垃圾站，和一个心理阴暗面的发泄场，所以在自媒体上经常充斥着各种抱怨、怒骂、黄色、暴力等不和谐的信息，学名统称为"网络环境污染"。自媒体人的一言一行都具有公众性和影响性，需要格外的严格细致，并主动维护自媒体网络的和谐。

1. 发布内容的责任

对于网络自媒体言论的管制，我国在2013年的时候就已将"网络造谣"一项立法处理，网络谣言转载超过五百次按诽谤罪论处。对于自媒体人来说，严格细致对自己所发布内容的每一个字负责，就是对自己负责。自媒体人对发布的内容在负责的问题上，应做到四点，如图12-15所示。

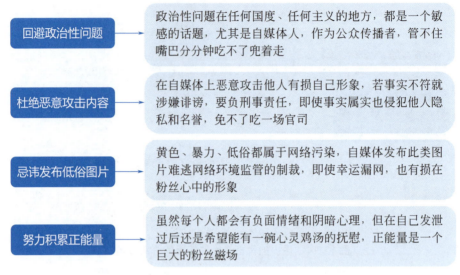

图 12-15　自媒体人对发布内容负责应做到的四点

> **专家提醒**
>
> 有人的地方就有江湖，即使是再不起眼的自媒体人，手上也管着好几百号的兄弟，你的一言一行都有可能给你的"弟兄们"带来影响，不管是私聊还是广播，严谨细致一点总是没坏处的。

2.需要注意的事项

若把自媒体行业比作江湖，那么自媒体人就是漂泊在江湖上的一叶扁舟，江湖多风波，摆渡的自媒体人除了要有小心驶得万年船的严谨态度，还要有规避风险的意识，对需要注意的事项得时刻谨记在心。下面对自媒体人需要注意的事项及后果进行相关图解分析，如图12-16所示。

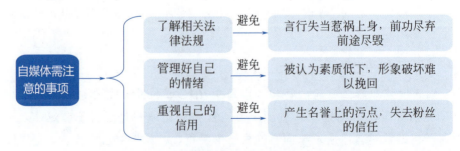

图 12-16　自媒体需注意的事项及后果分析

12.3.4 准则4：受粉丝欢迎

在现实生活中，总有人告诉你要多说好话，做一个嘴乖讨喜的人，这话在职场中，尤其在服务型职场中格外适用。自媒体营销也可以算是服务型职业，粉丝就是顾客。就像在淘宝上购物一样，客服的态度能让顾客给商品加分，同样粉丝欣赏你的文章，就会想认识你。如果你能够表现得讨喜一些，普通粉丝升级为铁杆粉的概率很大。做讨喜的自媒体有4大要点，一是宽容待人，二是礼貌待人，三是耐心待人，四是热情待人。宽容、礼貌、耐心、热情是一个好的自媒体营销者必须修炼的技巧，要时刻谨记粉丝即顾客。下面详细介绍宽容、礼貌、耐心、热情的重要性，如图12-17所示。

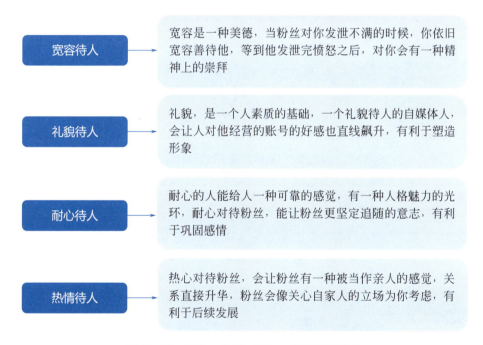

图12-17 宽容、礼貌、耐心、热情的重要性

12.4 4大内容，自媒体经营中不能做什么

目前，自媒体事业繁华异常，但是对于初入自媒体事业的新人来说，最容易被繁华迷了眼，不能够准确判断繁华现象后的骗局和误区，就一头雾水地往前冲，盲目地冲进行业误区绕不出来。虽然走弯路是成长路上必然要经

历的，但还是希望能够尽量减少这种无谓的浪费。本节主要向读者介绍自媒体经营中的常见误区，希望读者能够联系自身情况进行比较和借鉴，找到解决自身问题的方法。

12.4.1 误区1：注意自媒体中的行骗套路

自媒体的复杂源于它的门槛低，由于自媒体不设限的开放性和简单的操作性，任何人都可以成为自媒体运营者，这就决定了自媒体行业人群的复杂性，有的人参与进自媒体事业中，根本就不是为了成为一个自媒体人，而是想要借助自媒体平台的公开性和广泛传播性进行欺诈性的盈利行为。下面向读者说明为什么自媒体骗子能够骗得到许多公司老板花钱去听他的课，如图12-18所示。

图12-18 自媒体骗子的行骗套路

自媒体的复杂性除了刻意的人为干扰以外，还有自媒体传播中负面信息传递的不可控性。下面对负面新闻爆发的不可控性进行相关分析，如图12-19所示。

图12-19 负面传播不可控制的爆发过程

12.4.2 误区2：4大方面产生不利影响

自媒体经营的误区非常微妙，有的误区就存在于制胜的法门中，比如积累粉丝、植入广告、增加转载和做有自己思想特色的自媒体这些大点。这些都是一个成功的自媒体经营者必须要做到的，但也容易让自媒体新手走入误区。经营自媒体的误区和法门的比较分析如图12-20所示。

第12章
自媒体入行：15个技巧，让品牌更上一层楼

图12-20 经营自媒体的误区和法门比较分析

自媒体经营一旦进入一个误区，就不像摔倒了再爬起来那么简单，而像是陷入了一个泥潭，自己的经营会越来越无力，粉丝看着也不喜欢，对自媒体经营的前途非常不利。下面对自媒体经营误区的不利影响因素进行分析，如图12-21所示。

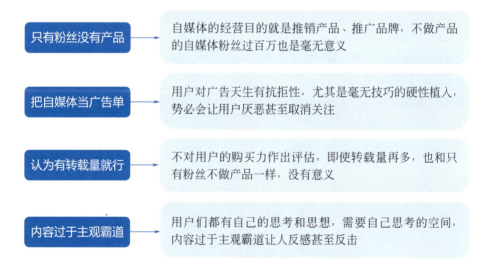

图12-21 自媒体经营误区的不利影响因素分析

12.4.3 方法1：注意方法可化解骗局

自媒体经营的复杂化，其根本原因还是市场混乱，不论是企业老板还是草根新手，被骗的原因也是基于对自媒体的渴望加上对自媒体的盲目。所以解决这一问题还要从认识自媒体入手，多学习，多交流，才能不上当受骗。

巧妙化解自媒体复杂情况的方法如图12-22所示。

图12-22　巧妙化解自媒体复杂情况的方法

12.4.4　方法2：对症下药可走出误区

陷入自媒体误区虽然可怕，就像是生了一场大病一样，但是只要对症下药找对解决的方法，就能够快速痊愈走出误区。并且掌握经验以后，就像对这种病菌自然生成抗体一样，以后都能机敏地避开。对症下药走出误区的方法如图12-23所示。

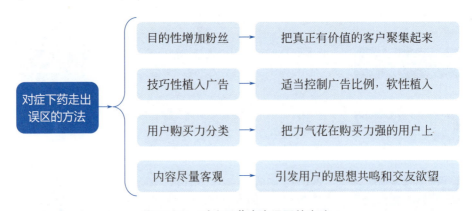

图12-23　对症下药走出误区的方法

第13章

自媒体平台：18大平台，背靠大树才好乘凉

学前提示 微商自媒体如果想要通过推广获得更多的粉丝，除了可以在主流自媒体平台发布文章之外，还可以在另外的一些流量自媒体平台通过推送文章的方法来获得更多的粉丝流量。只有在这些平台上积累了一定的影响力，才能进行下一步的微商产品营销。

要点展示

 9大主流平台，经营好自己的媒体矩阵

 9大其他平台，收割更多流量和粉丝

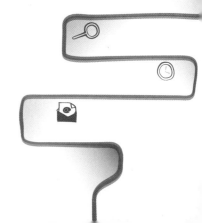

13.1 9大主流平台，经营好自己的媒体矩阵

现在网络上可以用来获得流量的平台有很多，各平台的受关注度也不一样，因此微商自媒体选择出最适合的平台进行引流也是很重要的。接下来，笔者将为大家介绍一下网络上的10大流量平台，让大家对这些平台能够有一个最基本的了解，知道各平台的作用。

13.1.1 今日头条：为用户提供有价值的信息

"你关心的，才是头条"是今日头条平台的广告语，今日头条平台是2012年推出的一款个性化推荐引擎软件，它能够为平台的用户提供最有价值的各种信息。今日头条从创立日开始，其用户数量就不断地实现突破，截至2018年，今日头条总用户规模已经突破8亿，日活总用户规模3亿。平台庞大的用户量，为新媒体运营者吸粉、引流提供了强有力的支撑。今日头条平台，其本身具有以下五个方面的特点。

1. 个性化推荐内容

今日头条最大的特点是能够通过基于数据分析的推荐引擎技术，将用户的兴趣、特点、位置等多维度的数据挖掘出来，然后针对这些维度进行多元化的、个性化的内容推荐，推荐的内容多种多样，包括新闻、音乐、电影等。

举例来说，当用户登录今日头条时，今日头条就会通过一定的算法，在短时间内解读出使用者的兴趣爱好、位置、特点等信息，用户每次在平台上进行操作，例如阅读、搜索等，今日头条都会定时更新用户相关信息和特点，从而实现精准的阅读内容推荐。

2. 登录方式多种多样

用户登录今日头条的方式是多样的，除了手机号、账号等方式之外，它还支持具体其他方式，例如QQ、微信等。

3. 内容涵盖面非常之广

在今日头条平台上，其内容涵盖面非常之广，用户能够看见各种类型的内容，以及其他平台上推送的信息。而且，今日头条平台上新闻内容更新的速度非常及时，用户几分钟就可以刷新一次页面，浏览新信息。

4. 分享方便快捷，互动性强

在今日头条推送的大部分信息下，用户都可以对该信息进行评论，各用户之间也可以进行互动。

今日头条平台为用户提供了方便快捷的信息分享功能。用户在看见自己感兴趣的信息之后，只要单击页面上的转发按钮即可将该信息分享、传播到其他平台上，例如新浪微博、微信等。

5. 不同客户端信息同步

今日头条平台为了方便用户的使用，推出了PC客户端和手机客户端，用户只要登录自己的今日头条账户，那么在该平台上评论或者是收藏的信息就可以自动存储起来。只要用户自己不删除，不论是在手机端还是电脑端，登录平台账号之后用户就可以查看到这些信息，完全不用担心这些信息的丢失。

（1）*PC客户端*。今日头条的PC端首页页面非常简单，在首页页面上左侧显示今日头条涵盖的新闻类型，在页面中间部分显示的则是新闻消息和一些广告，右侧也会有广告以及24小时热闻。

每过几分钟，今日头条PC端的首页，系统就会提醒用户刷新观看新的新闻资讯，这样能够使得用户及时浏览新消息，同样也可以增加今日头条平台上新闻创作者文章的阅读量。

在今日头条的PC端上，用户只要单击页面右上方的自己的头条号昵称，则可看见"我的收藏""我的订阅""我的粉丝"等相关信息。

（2）*手机客户端*。为了更方便地为用户推荐头条新闻，今日头条开发了专属的今日头条APP。今日头条APP是一款用户量超过2.8亿的新闻阅读客户端，据统计，在今日头条移动端上，单用户每日使用时长超过65分钟，每天社交平台分享量达550万次，其精准推送模式让用户不必再受其他繁杂冗长的信息困扰。

在今日头条APP上，聚合了超过5000家站点内容，用户可以在该平台上阅读到最权威、最新的新闻资讯，更有超过7万家头条号每日为用户创作新鲜精彩内容。平台每日聚集了400位工程师对算法进行优化，能够5秒钟就算出用户的兴趣话题和内容，然后推送为用户量身打造的专业资讯。

今日头条移动APP，还具有社交分享功能。如果用户看到喜欢的内容，想要和朋友分享，就可以直接点击相应按钮进行分享即可，可以分享在微信朋友圈、微信好友、手机QQ、QQ空间里，还可以分享在新浪微博、短信、邮件中。

13.1.2 一点资讯：个性化推荐的兴趣引擎

一点资讯是由一点网聚科技有限公司推出的一款为兴趣而生、有机融合搜索和个性化推荐技术的兴趣引擎软件。在一点资讯平台上，用户可以看见各个领域的最新资讯，该平台主要有24个类别的资讯频道，大大满足了各种用户阅读的兴趣爱好，让一个平台满足他们所有的阅读需求。

在清楚了一点资讯平台最基本的知识之后，接下来笔者将为大家从平台特色、平台价值、平台技术和兴趣营销这四点，深入介绍一点资讯平台。

1. 平台特色

一点资讯平台凭借其特色的兴趣引擎技术为用户实现了个性化新闻订阅，基于用户的兴趣为其提供资讯内容。

一点资讯可以借助用户登录时选择的社交软件类型、选择的兴趣频道等操作收集相关信息，整理成数据资料，然后再根据这些资料了解、推测出用户感兴趣的新闻领域。一点资讯的平台特色主要表现在两点，具体如下。

（1）个性化订阅。用户可以通过自订阅关键词，从而快速精确地找到自己需求的信息。

（2）技术提升用户体验。平台依靠搜索、内容深度分析、个性化推荐、机器学习等技术给用户推荐所需资讯，从而提升用户体验。

2. 平台价值

一点资讯平台的价值主要可以从两个方向出发去理解，一个是在行业领域的价值，一个是对用户的价值。

从行业领域方向出发，一点资讯平台凭借收集整理各种资讯信息，然后通过兴趣频道分发信息内容的方式，能够帮助各种类型的新闻媒体从业者快速定位出最适合他们的用户，同时还能够帮助整个资讯领域搭建更好的行业生态系统，加速行业内的资讯流通、提高行业的商业价值，实现媒体、广告主、渠道等主体的多赢局面。

从用户方向出发，主动为用户提供感兴趣的、独特的优质资讯内容，大大减少了用户寻找喜欢的信息所花费的时间，从而使得用户的阅读效率有了大幅度的提高。

3. 平台技术

兴趣引擎技术是一点资讯平台最为核心的技术力量，它是结合了搜索引擎和个性化推荐引擎的特点，而形成的一种新的信息搜索引擎。

兴趣引擎，依靠平台系统对用户订阅的信息、搜索的关键词等操作行为，挖掘出更多用户感兴趣的资讯，然后非常精准地抓住平台用户阅读的兴趣需求，将他们最需要的新闻资讯在最短的时间内传递给用户。

4.兴趣营销

基于兴趣引擎，一点资讯平台可以实现基于用户兴趣为用户提供定制化内容的兴趣营销。一点资讯平台的兴趣营销，指的是平台借助其核心的兴趣引擎技术来进行平台上的广告商业业务。

13.1.3 知乎平台：社会化问答社区平台

知乎平台，是一个社会化问答社区类型的平台，目前月访问量上亿。知乎平台的口号是："与世界分享你的知识、经验和见解"。知乎拥有PC、手机两种客户端。

图 13-1　知乎平台注册页面

用户要注册、登录之后才能够进入平台首页，图13-1所示是知乎平台PC客户端的注册页面，而且在注册时还需要输入自己的职业或专业。用户在输入相应的信息之后，会出现一个需要选择感兴趣话题的页面，对于这里的选择用户可选可不选。

知乎是一个网络问答社区，有专业性知识的微商自媒体，可以在平台上很好地进行微商自媒体引流吸粉。

13.1.4 搜狐公众：3大优势的引流好渠道

搜狐公众平台，是搜狐门户下一个融合搜狐网、手机搜狐、搜狐新闻客户端三大资源于一体的一个平台。

搜狐公众平台其资源力量是比较充足的，搜狐公众平台凭借搜狐旗下一系列的资源，拥有自身独特的平台优势，它的优势主要体现在以下三个方面，具体如下。

（1）流量优势。搜狐公众平台可以拥有搜狐网、手机搜狐网、搜狐新闻APP三方的流量资源。

（2）**双重推荐优势**。采用编辑和机器双重推荐的方式，在保证及时推荐的同时又满足了用户个性需求。

（3）**公信力优势**。搜狐在媒体行业中积累下的口碑使得搜狐公众平台会更容易得到用户的信任。

正如搜狐公众平台登录页面的广告语："亿级用户流量再小个体也能打造自己的媒体影响力"所言，结合平台的自身优势，此平台确实是微商自媒体用来为平台引流的好渠道。

搜狐公众平台为用户提供了多种登录方式，且只要拥有一个账号，即可登录搜狐旗下的搜狐视频、搜狐新闻、搜狐博客等产品，这在很大程度上为用户提供了方便，减少了用户注册账户的麻烦。

13.1.5 大鱼号：舆情实公开展示的平台

大鱼号平台原名称为UC云观·媒体服务平台。原"UC云观·媒体服务平台"是中国资讯平台行业中第一家舆情实公开展示的平台，在2017年3月31日成功升级为"大鱼号"。

大鱼号现阶段成为阿里文娱旗下的平台，为自媒体人提供阿里文娱旗下的多点分发渠道，包括UC、优酷等阿里其他平台，同时也在其他方面为自媒体人提供了大幅度的支持。

13.1.6 百家号：为运营者创收的平台

百度百家平台，它是百度旗下的一个自媒体平台，于2013年12月份正式推出。为了简化广大百度百家作者的发文流程，在2017年5月27日百度百家平台已经与百家号进行全方位合并，微商自媒体入驻百家号平台后，可以在该平台上发布文章，然后平台会根据文章阅读量的多少给予运营者收入。

入驻人员还可以在"发现"模块，查看推荐阅读、活跃作者等内容。2018年百度世界大会内容生态分论坛上，百度宣布百家号作者突破160万，信息流日均推荐量达150亿，百家号作者总粉丝量同比增长533%，人均收入同比增长139%。

由此可见其受欢迎程度以及收益的可观性，这对微商自媒体来说是一个毋庸置疑的好消息。

13.1.7 网易媒体：多种形式的广告吸粉

网易媒体开放平台是网易旗下推出的一个自媒体平台，在网易媒体开放平台，运营者可以利用多种形式进行软文广告吸粉引流。

网易媒体开放平台，为入驻用户提供了四种类型的账号，它们分别是媒体号、自媒体号、组织机构号以及企业号，每种账号其功能也会有所不同。另外，该平台还拥有四大平台特色，具体如下。

（1）亿万用户资源共享。用户入驻网易媒体开放平台后，其编写的文章就有机会被人工推送到网易新闻客户端，自然就能共享网易积累的亿万用户资源。

（2）网易跟帖引爆话题。用户在平台上编写的文章被其他读者订阅后，读者就能够在文章下跟帖，只要文章质量高、有价值就可能成为火爆话题，引发众多网易网友跟帖。

（3）优质媒体品牌推广。用户在网易媒体开放平台上，大部分种类的账号都会有一个星级等级，只要达到一定的星级等级，就可以享受平台上直播功能，推广账号品牌。

（4）商业合作共享未来。对于平台上的优质本地号用户，有可能成为网易媒体的合伙人，实现商业合作，共享未来。

13.1.8　简书：集写作与阅读于一体平台

简书平台，它是一款集写作与阅读于一体的社交型互联网产品，同时也是一个基于内容分享的社区。简书同样拥有以下两种客户端：PC客户端和手机客户端。

简书平台拥有以下四项功能，这些功能能够满足简书用户大部分需求，同时也能够为用户提供更好的使用体验。

（1）阅读功能。用户可以随时阅读简书上各种类型的文章。

（2）写作功能。用户可以在平台上写下自己的文章，并将其发表在平台上。

（3）交流功能。用户可以在平台的文章下以评论的方式跟作者进行交流与沟通。

（4）分享功能。用户可以将平台上自己喜欢的内容分享到其他平台上。

13.1.9　腾讯内容开发：可免费入驻的平台

"腾讯内容开发平台"原名被称为"企鹅媒体平台"，它是由腾讯推出的一个媒体平台，也可以称之为企鹅号。该平台虽然也是由腾讯公司推出的产品，但它和QQ公众平台并不是同一个产品。腾讯内容开发平台是一个可以免费入驻的自媒体开发平台。据悉，腾讯内容开发平台正在迅猛发展，到目前为止约有250万个企鹅号入驻平台,并在持续增长中,因此这对微商自媒体来说,是个很有前景的推文导粉平台,通过这个平台可以起到很好的引流效果。

腾讯内容开发平台主要拥有以下五个开放特点:庞大的流量优势、内容生产强大、盈利渠道支持、资源分配和用户管理优势、多样的入驻媒体类型。接下来,笔者将对其中四个开放特点进行具体介绍。

(1)庞大的流量优势。腾讯内容开发平台借由腾讯庞大的用户群体,以及腾讯旗下腾讯新闻、微信新闻插件、天天快报等产品的支撑,在流量数据方面拥有得天独厚的优势。

(2)内容生产强大。腾讯内容开发平台为平台上的内容生产者提供了强大、实用的内容生产工具,且为创作者提供了图文编排、数据分析、文章统计等,让平台内容创作者可以简单、便捷地进行内容生产。

(3)盈利渠道支持。腾讯给予了腾讯内容开发平台上优质原创型自媒体、媒体全年共计2亿元的补贴,以及创作者在此平台上所有的广告收入全部归作者本人的鼓励政策,为平台上的自媒体、媒体提供了盈利渠道。

(4)资源分配和用户管理优势。腾讯内容开发平台为平台上的自媒体、媒体创作的内容提供了更多的曝光机会,让他们的文章能够出现在天天快报、腾讯新闻等腾讯旗下产品上,而且还能够更加方便地与平台的用户、粉丝进行互动和社群管理。

13.2　9大其他平台,收割更多流量和粉丝

对于自媒体人来说,吸粉引流是重点考虑的问题。本节笔者将介绍如何从其他平台收割更多流量和粉丝。

13.2.1　虎嗅网:为用户提供商业资讯

虎嗅网创办于2012年5月,是一个为用户提供商业资讯的新媒体平台,虎嗅的相关简介如图13-2所示。

虎嗅网每月有1500万的浏览量,用户平均访问时长18分钟,在搜狐新闻客户端、网易云阅读、鲜果等阅读平台的订阅用户总计超过200万,是一个十分有影响力的流量平台,可以很容易地进行微商自媒体引流吸粉。

图 13-2　虎嗅的相关简介

13.2.2　爱微帮：积极为自媒体行业服务

爱微帮，是一个为自媒体行业服务的平台，其核心是一个多平台管理工具，目的是帮助自媒体人更快地创作出优质内容，从而实现提高自媒体人的影响力和价值。

在爱微帮平台上，用户可以同时管理多个平台上的多个账号。在这一方面，爱微帮平台能够给自媒体人节省一大笔时间，大大提高了自媒体运营者的工作效率，是微商自媒体不可多得的好帮手。爱微帮平台，拥有以下几个特点。

1.强大的编辑功能

爱微帮平台，为微商自媒体提供了强大、实用的图文编辑功能，运营者只要下载爱微帮媒体版后，就可以直接在媒体版上编辑图文消息。该编辑器上拥有丰富的图文样式可供选择，图文素材也可以自由组合和推送，能够给运营者带来不少的方便。

2.定时的发送功能

爱微帮还支持定时发送图文消息到微信公众号，这样一来，运营者可以在自己空闲的时候将图文消息编辑好，然后定好发送时间将图文消息发送到微信公众平台上，能给运营者的日常工作带来更多便利。

3.实时的统计功能

爱微帮平台还为运营者提供了实时的账号推荐功能，它能够实时地统计出账号的推荐数据。

4.快捷的广告功能

在爱微帮平台的广告平台上，运营者可以寻找广告主，为他们做广告盈利，也能够自己成为广告主，寻找媒体人给自己做广告。

13.2.3　思达派：为用户提供创业服务

思达派网成立于2015年年初，是一个为用户提供创业服务的新媒体平台，定位于"创业干货分享"。思达派网目前主要有7大栏目，分别是"推荐""新闻""经验""看法""故事""动态"和"攻略"。

不同的栏目提供的功能不一样，"推荐"栏目主要是为用户推荐创业投资的热门文章，"新闻"栏目主要是为用户提供与创业相关的政策类的报道和要闻，"经验"栏目主要为用户提供一些创业、投资类的经验教训和总结，"看法"栏目主要是一些观点的集合，"故事"和"动态"栏目主要是为用户提供故事、动态类的消息。

除了在内容上吸引用户和创业者之外，思达派还在今日头条、百度百家、一点资讯等媒体渠道上为用户提供创业服务，并以其鲜明的定位和独到的服务风格，获得了一系列的关注度和好评度。

13.2.4　砍柴网：探寻商业与科技的逻辑

砍柴网创立于2013年，是一家前沿科技媒体。自创立以来，砍柴网就致力于"探寻科技与商业的逻辑"。

砍柴网自正式上线以来，就凭借优质的内容、个性化的观点和富有远见的商业洞察力，备受业界人士的关注，同时，还吸引了诸多专栏作家及撰稿人的入驻。砍柴网的订阅用户目前已经超过100万，其庞大的流量能够为微商自媒体的引流带来极大的便利。

13.2.5　速途网：社交媒体与在线服务平台

速途网是速途传媒旗下的中国互联网行业社交媒体和在线服务平台。速途网包括六大板块，分别是电商中心、创投中心、IT中心、游戏中心、评论中心、速途研究院。目前，速途网站的注册作者已经达到了3万人，活跃的专栏作家超过500人。除此之外，速途网站的一些原创栏目也十分受用户的好评，这些栏目是：速途网探营、小西访谈室、速途论道、速途体验室、速途微言录和速途在线沙龙等。

13.2.6　猎云网：知名互联网创业平台

猎云网创办于2013年2月，是国内知名互联网创业服务平台。猎云网提倡以长远的眼光去看创业公司的科技媒体，为创业者提供优质的服务。目前，猎云网已经覆盖了PC端、WAP端、APP端、微信端等多种产品形态。在今日头条、腾讯新闻客户端等主流平台也有拓展，着重为用户提供优质的创业服务。

13.2.7 新媒体：泛科技自媒体平台

新媒体平台是一个关注前沿科技资讯、发现商业创新价值的泛科技自媒体平台。在新媒体平台上，用户可以看到有价值的干货和有商业价值的资讯，在新媒体时代挖掘新的商业价值。

互联网时代下的今天，随着年轻受众的接受方式的改变，传统媒体渐渐被新媒体取代，新媒体的影响力越来越大，正改变着整个媒体生态链的布局。在新媒体平台上，最主要的栏目主要是新观点、互联网、金融界、电商头条、智能硬件、创业窗等。因此对于创业类、IT类的微商自媒体来说，新媒体是一个非常不错的引流平台。

13.2.8 品途网：O2O专业研究与服务机构

品途网是一家O2O专业研究与服务机构，成立于2012年10月，品途网旗下的会员服务体系叫品途O盟。品途网上线后，便凭借其丰富的案例信息资料吸引了一大批O2O创业者、投资人，品途网上的O2O信息资料共涉及16个领域、千余家企业，包括餐饮、医疗、出行、房产、社区、零售等。对于O2O行业的微商自媒体来说，是家不容忽视的引流平台。

13.2.9 派代网：电子商务行业交流平台

派代网定位为电商入口，目前是中国最活跃、最具影响力的电子商务行业交流平台。派代网自成立之日起，就吸引了广大电商用户、资深行业专家、电商卖家的目光，平台一直坚持正确的价值观，不断学习创新，努力迎合消费升级的大趋势，是微商自媒体不能错过的引流入口。

第 14 章

微商自明星：10大技巧，名利双收的逆袭之路

> **学前提示**
>
> 当微商自媒体新手具体了解了行业情况，熟悉了平台操作的优势，在技术、能力和心理上都有了成熟并且积累了一部分粉丝后，就能够向微商自明星的方向发展了，这时读者需要知道的是微商自明星的自我修养、操作技巧和如何多方面运营。

要点展示

 4个方面，做好自明星的自我修养

 3大技巧，成就自明星的高手运营

 3个方面，完成自明星多方作战

第14章

微商自明星：10大技巧，名利双收的逆袭之路

14.1 4个方面，做好自明星的自我修养

是不是微商自明星，评断标准只有一个，就是看营销水平。虽然文字写作、音频、视频剪辑的水平决定了自媒体质量和层次，但是如果缺少了营销，那就不能算得上是一个微商自明星，而是单纯的作家、剪辑师和制作师。微商自明星重在管理。本节主要向读者介绍微商自明星在管理方面需要有的性格、能力和学识上的修养。

14.1.1 积蓄力量：不急不躁等待时机

微商自明星在做引爆营销时，必须要懂得结合天时、地利、人和这三个要素。只有在最恰当的时机下展开最强效的执行，自媒体的营销才能实现最佳效果、获得最大价值。在时机没有到来之前，做太多琐碎的营销都是浪费时间、金钱、精力。所以，运营者该如何把握时机成为微商自明星呢？下面以图解的形式为读者介绍微商自明星把握时机的方法，如图14-1所示。

图14-1 微商自明星把握时机的方法

好时机几乎都是可遇而不可求的，即使是再厉害的运营者都无法算准什么时候一个可以借用炒作的好时机会出现。但是高明的微商自明星却总是能在好时机出现的第一时间就抓住，主要的原因在于微商自明星懂得耐心等待时机，却不盲目的单纯等待，而是在等待中有目的地积蓄力量，把社会动向都摸透了。下面以图解的形式向读者介绍微商自明星在等待中积蓄力量的方法，如图14-2所示。

图14-2 微商自明星在等待中积蓄力量的方法

14.1.2 锻炼情商：增强沟通互动能力

运营者的最根本身份是一个管理者，而能够当好一个管理者的人，不一定是有着智商超群的人，却一定是情商超群的人。不论是对内部员工的分配、调动，还是对外部用户的吸引、维护，都需要强大的沟通互动能力。在沟通互动的能力上，情商的作用占80%。而微商自明星恰恰正是这种高情商管理者。下面以图解的形式为读者分析微商自明星的沟通互动技巧，如图14-3所示。

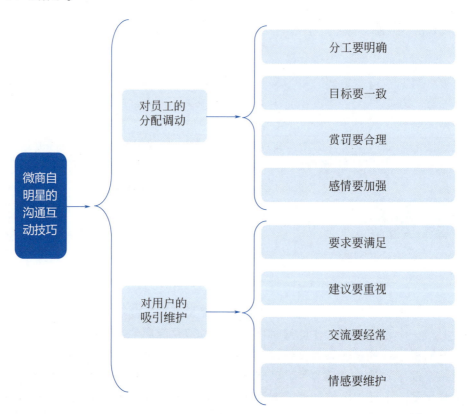

图14-3　微商自明星的沟通技巧分析

任何一个事业的成功，都是以工作团队的良性运营为基础，工作团队良性运营的保障叫作体制。体制这个词经常在国家单位里出现，并且与发展改革挂钩。其实任何单位团体都有运营体制，并且决定着一个单位团体的经营状态和发展前景。运营者需要注意体制的健康常态。下面以图解的形式向读者介绍体制对团队经营的影响，如图14-4所示。

第14章

微商自明星：10大技巧，名利双收的逆袭之路

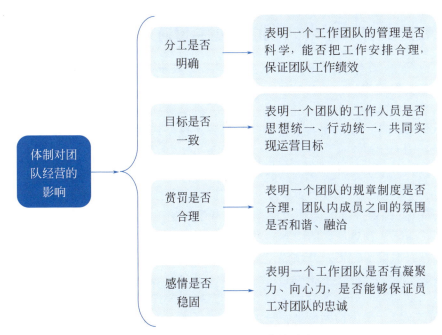

图14-4 体制对团队经营的影响

运营者需懂得，自己的团队才是经营的核心，是团队头脑、手足；运营者需懂得，经营是一场马拉松竞赛，一个健康、强壮的身体是胜利的决定性因素。微商自明星需懂得正确管理团队——这才是一切的根本。下面以图解的形式向读者介绍微商自明星正确管理团队的方法，如图14-5所示。

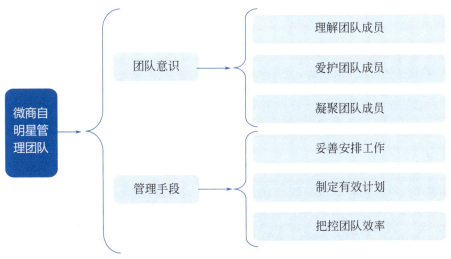

图14-5 微商自明星管理团队的方法

14.1.3　跨界学习：做到知识的融会贯通

纵观中国500强大企业，从头到尾只专攻于一个领域的企业很少很少了，比如做地产起家的会扩展往服装方面发展，再扩展到餐饮、文化，更进一步会把市场伸展到化工、石油、矿产、金融等领域，实现发展的最大化和资本的最大化。如笔者在做记者时曾经采访过新华联集团，该集团就是一个非常典型的跨界企业。

跨界已成为事业成熟的一种标志，是成功者必经的一条路，不止知名企业如此，知名艺人也是如此。比如演艺圈流传的那句"演而优则唱，唱而优则导"，就是对跨界的表述，比如著名音乐人的一部《同桌的你》实现了他从一个音乐人到电影人的跨界转型。

在互联网时代下，几乎没有人只专注于一个领域，也几乎没有人只学习一种知识，创新、多元、融合成为自媒体事业发展的必然趋势，跨界也成为微商自明星必须考虑的方向。微商自明星想要实现经营升级，就要做好跨界的计划准备。下面以图解的形式为读者介绍微商自明星跨界经营需要的三大准备，如图14-6所示。

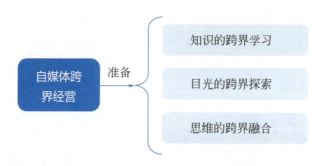

图14-6　微商自明星跨界经营需要的三大准备

知识就是力量，对于跨界者来说，知识就是通向未知领域的道路，也是提升自媒体内容产量的生产力，下面以图解的形式向读者介绍知识跨界学习的方法，如图14-7所示。

跨界，就是要不断地向外界学习和拓展，把握住社会的脉络，紧跟世界的潮流，然而要想将行动和世界潮流保持一致，就先要睁眼看世界。虽然古人说眼高手低是一件坏事，但是对于当今社会而言，心有多大舞台才有多大，而人的心胸却是由眼界决定的，所以跨界需要有远大的目光。下面以图解的形式为读者介绍提升眼界的方法，如图14-8所示。

第14章
微商自明星：10大技巧，名利双收的逆袭之路

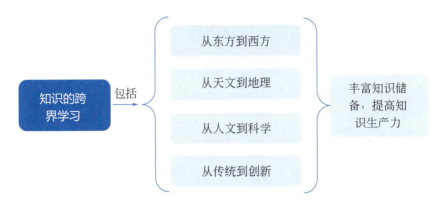

图 14-7　微商自明星学习跨界知识的方法

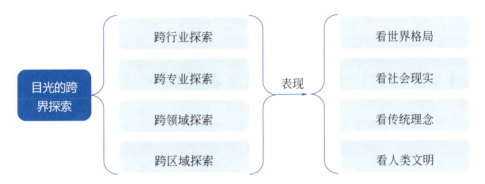

图 14-8　微商自明星提升眼界的方法

自媒体世界对于思维表达而言，既是一个承载各种不同思维的平台，又是一个汇集各种不同思维的熔炉。微商自明星聚集其中既是一种相互独立的简单集合，又是一种互相探究、学习，互相影响的熔合。经营自媒体，思维的跨界学习同样重要，只有学习、熔合，才能不断地超越和创新。下面以图解的形式向读者介绍思维跨界融合的方法，如图14-9所示。

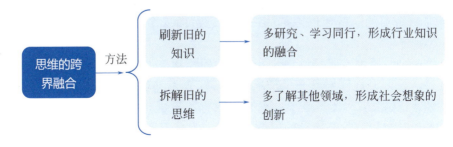

图 14-9　微商自明星养成思维跨界融合的方法

14.1.4　打造形象：培养自媒体个性

在互联网时代，每个人都是发言者，但大多数人的发言都是粗糙而无味，不仅于自媒体整体事业发展的多元化、优质化无益，反而把真正做得好的自媒体给埋没了。就像把一颗珍珠和一箩筐鱼目混在一起，尽管在材质上千差万别，但一眼看过去难以区分。比如一些知名品牌名称被借用，让用户分不清真假。

既然无法让读者一眼就看出珍珠和鱼目在材质、内容上的区别，那就尽量在自媒体个性上下功夫。如果和一筐鱼目混在一起的是一颗粉珍珠或黑珍珠，那么就非常醒目了。色彩、形式可以看作是自媒体经营的个性。一般来说，自媒体经营有五大个性类型，一是小清新型，二是麻辣犀利型，三是直来直去型，四是八卦调侃型，五是心灵鸡汤型。

14.2　3大技巧，成就自明星的高手运营

当运营者渐渐熟悉这个行业里的一些规则，并且门路通透之后，当初一头雾水的新手已然升级为熟手。任何行业任何工种都有级别之分，这个级别决定着员工在公司的薪资，甚至在整个行业的地位，值得说的是不同级别的员工在工作效率和操作技巧上也有级别之分。本节主要向读者介绍微商自明星操作自媒体的技巧。

14.2.1　微信："阶梯式"运营的技巧

运营者在不同的阶段有不同的应对策略，就像大学老师的教学模式不适用于辅导小学生的学习一样。自媒体的策略不是越高明越好，而是越适合越好。微商自明星能够成为自明星，善于根据自己的阶段级别选择运营策略也是非常重要的。下面以图解的形式对运营的三个阶梯作相关分析，如图14-10所示。

每一个阶段都有其特性，与每一个阶段相适应的经营策略和目标都有其合理性。如以上提到的第一阶段，总体目标分为3个，但其实"提高用户关注"和"扩大推广平台"都要以"保证内容的质量"为前提和保障。下面以图解的形式分析"保证内容的质量"对第一阶梯运营的重要性，如图14-11所示。

第14章
微商自明星：10大技巧，名利双收的逆袭之路

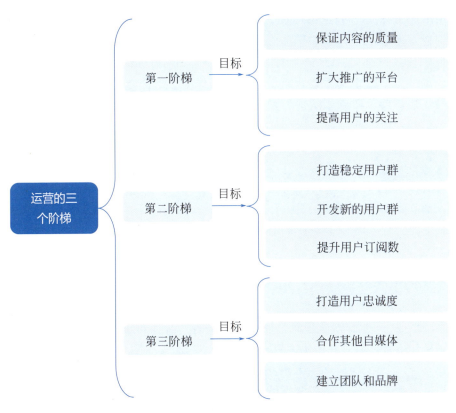

图14-10 运营的三个阶梯分析

图14-11 保证内容质量对第一阶梯运营的重要性

专家提醒

无论什么样的自媒体类型，粉丝都是运营的核心，并且粉丝越多，营销获利就越大。但是不顾内容质量的手段增加粉丝是一个误区。粉丝的眼睛是雪亮的、有价值思考的，一旦被粉丝认定没有质量没有价值立刻就会取消关注，并且有损名声。处于第一阶段的运营者本身粉丝积累就不够，再给人留下坏印象简直就是致命伤。

能够进入运营的第二阶梯，相信在内容质量上的用心已经得到肯定了。这时候运营者就可以集中精力去提升订阅用户数量，和第一阶梯的经营策略相同的是，共有三个总体目标，但"开发新的用户群"和"提升用户订阅数"都要以"打造稳定用户群"为前提和保障。下面以图解的形式分析"打造稳定用户群"对第二阶梯运营的重要性，如图14-12所示。

图14-12　打造稳定用户群对第二阶梯运营的重要性

专家提醒

新用户在看到一篇自媒体文章时，如果文章质量可以，再看到下方的"阅读"数上千上万，立刻信任度就会拔高。而达到上千的阅读数，必须要有50%的稳定用户才能达到。

进入第三运营阶梯，自媒体的质量已经足够好了，用户的订阅数也足够多了，其中三个总目标"打造用户忠诚度""合作其他自媒体"和"建立团队和品牌"的关系，和前面的一、二阶梯不同，三者之间是一种递进关系。下面以图解的方式对微信运营第三阶梯做分析，如图14-13所示。

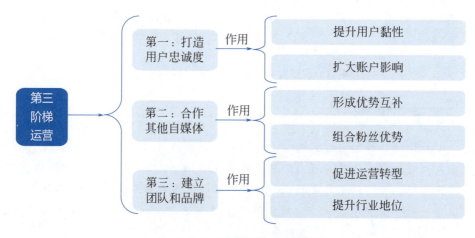

图14-13　运营的第三阶梯分析

 专家提醒

运营到第三阶梯已经达到微商自媒体的完全成熟阶段,接下来要做的就是在经营形式上做突破,将自身好的经验复制到其他自媒体平台。其他自媒体的经营也是同样的道理。

14.2.2 微博:强势营销的法则

微博的强势之处,在于它势不可挡的传播速度和传播面积。只要网速给力,一条微博发出去能保证在一分钟之内浏览量超过一千。如果粉丝够多并且愿意转载,可以迅速形成热门话题,推送面积覆盖海内外全部的微博用户。下面以图解的形式向读者介绍微博强势营销的三个特点及效果,如图14-14所示。

图14-14 微博强势营销的三个特点及效果

大学里的新媒体老师经常给学生讲,微博是个让人越玩越聪明的地方。因为微博是个公共的、开放的大圈子,形形色色的人都有。在微博上无论说什么,总会碰上一个价值观相反的人唱反调抬杠。虽然这种唱反调挺讨厌的,但是对于自媒体运营者来说,要多听取不同的意见,从不同的角度考虑问题。这样在不知不觉中,微博经营者就能形成一种全方位的思考习惯,同时经营水平也能得到有效地提高。下面以图解的形式为读者分析微博强势营销的四大法则,如图14-15所示。

微博上有人争论,如果能够巧妙利用这一现象,就是一种非常高明的提升知名度增加粉丝的方法。例如,两位在微博圈里非常有名气的网红对某一话题进行争论,这一争论不仅使得两方的粉丝都沸腾了起来,连不是粉丝的人都忍不住好奇。这么一来,两人都在名气上提升了一个层次,并且又扩展了一项收益渠道。

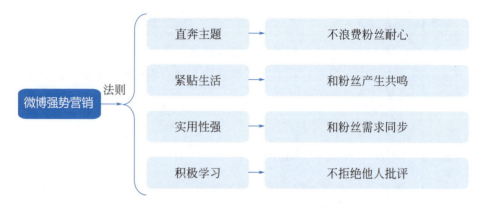

图 14-15 微博强势营销的四大法则

14.2.3 借势：捆绑大事件提高知名度

在现实社会中，有的人费尽心思都无法获取到想要的关注度，有的人什么都不用做，甚至全副武装想要把自己隐藏起来却还是成为全社会的焦点。比如一些当红的影视明星，在机场露个面都能成为一天的热闻，之后身上穿的衣服、鞋子、包包都会成为热卖爆款。

普通的人都没有明星的光环效应，时刻都被广大的粉丝关注着，但又想要获得和明星一样的关注度和曝光率，那最好尝试造势和借势这两种方法。下面分别为读者讲述关于造势和借势的两个成功炒作案例。

1. 雕爷牛腩重金造势

作为网红餐饮店的鼻祖，雕爷牛腩巧妙利用"五百万购买牛腩秘方"这一事件为店铺造势，引来了无数网民的议论和转发。在网络上火了近半年之后，雕爷牛腩才迟迟进行试营业，并且只有接受邀请的人才能入店品尝，进一步拉高店铺档次，进行二次造势。"雕爷牛腩"不仅凭着造势在正式开业之后吸引了无数顾客消费，更在两个月之后就融资6000万元，估值达到2亿元。

2. 杜蕾斯品牌互动借势推广

所谓借势宣传，就是利用一些当红并且能够引起较大反响的企业或者品牌，和自己的品牌或企业拉上关系，达到提高曝光度和知名度的效果。例如，杜蕾斯的品牌公关就深谙借势推广。

在2017年感恩节，杜蕾斯在微博上一口气感谢了13个品牌，以海报的形式，将杜蕾斯的产品特性与其他品牌的产品连接在一起，不仅利用了感恩节中感恩这一内核进行借势推广，还让13个品牌的受众都在同一时间接收到了杜蕾斯的信息，可谓是无比高明。这一借势推广，也顺利在微博上引发大量关注和转载。

14.3 3个方面，完成自明星多方作战

微商自明星掌握了大量的跨界知识，拥有了成熟的跨界目光和多元的跨界思维之后，并且把自媒体运营的技巧、法则和炒作营销那一套都熟悉了之后，微商自明星就可以去尝试着去跨界。本节主要向读者介绍如何分析社会动态，发展商业推广和紧跟自媒体盈利潮流。

14.3.1 内容跨界：需要稳定的经营根据地

按照一个正常的发展规律，不论是实体企业还是微商自明星的经营，都是先从一个产业做起，把这个产业做稳做成熟了之后，再想着扩大经营规模。比如微商自明星经营，当运营者把一个平台做成功了之后，这个运营者又学会了跨界知识和内容跨界的经营思维，那么这个运营者就会考虑多开几个渠道，做不同的内容经营，扩大经营规模。

> 内容跨界的成功，需要经营者的专业基础为支持，经营多个不同主题内容的公众账号，需要基础账号有一定的名气和经验，跨界需要一个稳定的自媒体根据地。

14.3.2 经营跨界：首先从做微商开始

在自媒体的跨界运营中，主要表现为内容跨界和经营跨界两大类。例如，以原创生活类短视频起家的自媒体"一条"，在拥有了大量的关注者和追随者之后，就在自媒体平台上建立了微商渠道"一条生活馆"，后面更是开发了同名电商APP，具体页面如图14-16所示。

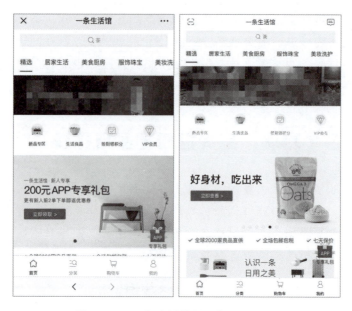

图14-16　一条生活馆及同名APP页面

14.3.3　紧跟潮流：打造网红女主播

作为一个已经商业化了的微商自明星，对自媒体的商业嗅觉自然是非常的灵敏，眼下的自媒体经济爆发区域在网络直播这一块。网络女主播月入十万元的神话在自媒体界无人不知无人不晓，商业化的微商自明星当然不会忽略召集美女，打造网络女主播增加赢利。

 专家提醒

微商自明星懂得多方作战，这个多方可以理解为多个平台，也可以理解为多个方面，即跨界经营。并且这种跨界是可以在内容跨界和经营跨界之间相互交叉的，把一个个内容都做成功，就能成为微商自明星；把一个个经营做成功，就能成为实业家。